© Sander Meertins@AdobeStock

Willkommen bei den Oranjes!

Impressum

O'Niel V. Som
Niederländisch – Wort für Wort
erschienen im
REISE KNOW-HOW Verlag Peter Rump GmbH
Osnabrücker Str. 79, D-33649 Bielefeld
info@reise-know-how.de

Bearbeitung	Peter Rump
Layout	Claudia Schmidt
Layout-Konzept	Günter Pawlak, FaktorZwo! Bielefeld
Umschlag	Peter Rump (Titelfoto: Wolfram Schwieder)
Fotos	© Wolfram Schwieder (WS), © Autoren@AdobeStock (Nachweis am jeweiligen Foto), Seite 160: © Raffaela Annanda Faganello de Som
Gesamtherstellung	Himmer GmbH Druckerei & Verlag, Augsburg

Printed in Germany

ISBN: 978 3-8317-6452-5

Wer im Buchhandel kein Glück hat, bekommt unsere Bücher
auch direkt über unseren Internet-Shop:

www.reise-know-how.de

Die Internetseiten mit Aussprachebeispielen und der Zugriff
auf diese über QR-Codes sind eine freiwillige, kostenlose
Zusatzleistung des Verlages. Der Verlag behält sich vor, die
Bereitstellung des Angebotes und die Möglichkeit der Nutzung
zeitlich und inhaltlich zu beschränken. Der Verlag übernimmt
keine Garantie für das Funktionieren der Seiten und keine Haf-
tung für Schäden, die aus dem Gebrauch der Seiten resultie-
ren. Es besteht ferner kein Anspruch auf eine unbefristete Bereitstellung der Seiten.

Der Verlag möchte die **Reihe Kauderwelsch** weiter ausbauen
und **sucht Autoren!** Mehr Informationen finden Sie unter
www.reise-know-how.de/verlag/mitarbeit

Kauderwelsch

O'Niel V. Som

Niederländisch

Wort für Wort

Kauderwelsch heißt:

- Schnell mit dem **Sprechen** beginnen, auch wenn nicht immer alles korrekt ist.
- Von der **Grammatik** wird nur das Wichtigste in einfachen Worten erklärt.
- Alle Beispielsätze werden doppelt ins Deutsche übertragen: erst **Wort-für-Wort,** dann in normales Deutsch. Die Wort-für-Wort-Übersetzung hilft, die neue Sprache schneller zu durchschauen, außerdem lassen sich dadurch leichter einzelne Wörter im fremdsprachigen Satz austauschen.
- Es geht um die **Alltagssprache,** also das, was man tatsächlich auf der Straße hört.
- Die **Autoren** sind entweder Reisende, die die Sprache im Land selbst gelernt haben, oder Muttersprachler.

Kauderwelsch-Sprachführer sind keine Lehrbücher, aber viel mehr als traditionelle Reisesprachführer. Wer ein wenig Zeit investiert, einige Vokabeln lernt und die Sprache im Land anwendet, wird **Türen öffnen,** ein Lächeln ins Gesicht zaubern und reichere Erfahrungen machen.

Talk to each other!

Kauderwelsch zum Anhören

Einzelne Sätze und Ausdrücke aus diesem Buch können Sie sich **kostenlos anhören.** Diese **Aussprachebeispiele** erreichen Sie über die im Buch abgedruckten QR-Codes oder diese Adresse: www.reise-know-how.de/kauderwelsch/066

Die Aussprachebeispiele im Buch sind Auszüge aus dem umfassenden Tonmaterial, das unter dem Titel „**Kauderwelsch Aussprachetrainer Niederländisch**" separat erhältlich ist – als Download über Onlinehörbuchshops (ISBN 978-3-95852-094-3) oder als CD im Buchhandel (ISBN 978-3-95852-344-9). Beide Versionen erhalten Sie auch über unsere Internetseite:

■ **www.reise-know-how.de**

Alle Sätze, die Sie auf dem Aussprachetrainer hören können, sind in diesem Buch mit einem 𝄞 gekennzeichnet.

Ni hao!

Marhaba!

KERNENERGIE? NEE BEDANKT!

Inhalt

Inhalt

© Nataraj@AdobeStock

Viel Bootsverkehr in Amsterdam am Königstag

Vorwort

Natürlich könnte man sich auch in den Niederlanden (und im belgischen Flandern) auf Deutsch verständigen. Aber jeder, der schon mal dort war, weiß, dass man viel freundlicher aufgenommen wird, wenn man versucht, Niederländisch zu sprechen.

Dabei wird keineswegs Perfektion verlangt, aber schon wenige Brocken genügen, um in engeren Kontakt mit den Leuten dort zu kommen. Wer sich nicht die Mühe macht, ein paar Wörter und Sätze zu lernen, wird die Niederlande nur aus Touristensicht erleben. Manche Auskunft wird erst gar nicht gegeben, wenn man es in Deutsch versucht.

Da die Niederländer außerdem ein recht reisefreudiges Volk sind, kann man auf Urlaubsreisen in ganz Europa Bekanntschaften mit ihnen machen. Es lohnt sich daher für einen Globetrotter, wenigstens ein wenig Niederländisch zu lernen. Die Unterschiede zum Deutschen sind nicht so groß, dass man viele Vokabeln oder komplizierte Grammatikregeln lernen müsste. Nein im Gegenteil, Niederländisch ist für Deutsche wegen der vielen Ähnlichkeiten sogar recht einfach.

Hinweise zur Benutzung

Ich habe versucht, diesen Sprachführer möglichst einfach zu gestalten. Mit nur wenigen Sätzen und Wörtern kann man schon versuchen, ein kleines Gespräch zu beginnen.

Aussprache Ich empfehle, zuerst die Seiten über die Aussprache zu lesen und auch öfter zu wiederholen. Denn das Schriftbild und der Klang weichen im Niederländischen doch stark von der deutschen Lesart ab. Das können Sie auch **Lautschrift** an der Lautschrift erkennen, die für jedes Wort und jeden Satz angegeben ist.

Grammatik Die Grammatik ist für den ersten Anfang nicht so wichtig, die unregelmäßigen Tätigkeitswörter und zusammengesetzten Zeiten kann man sich vorläufig sparen. Wenn man mit der Sprache etwas vertrauter ist und eigene Sätze bilden will, sollte man sich wichtige Regeln einprägen (z. B. Mehrzahlbildung).

Wort-für-Wort-Übersetzung Wenn sich die Wortstellung im Niederländischen unterscheidet, wird zusätzlich eine Wort-für-Wort-Übersetzung in *kursiver Schrift* angegeben. Das ist allerdings selten der Fall. Manche Redewendungen sind extra erklärt.

Wörterlisten Am Ende des Buches findet man die Wörterlisten Deutsch–Niederländisch und Niederländisch–Deutsch mit jew. ca. 1000 Wörtern. Neben den in den einzelnen Kapiteln verwendeten Wörtern wurden weitere Wörter des Grundwortschatzes aufgenommen, sofern sie sich vom Deutschen unterscheiden.

Über die Sprache

Von der Sprachgeschichte her gehört das Niederländische wie das Deutsche und Englische zur Gruppe der westgermanischen Sprachen. Aus einer gemeinsamen Wurzel entstanden im Laufe der Jahrhunderte Sprachen, die zwar untereinander verwandt sind, sich aber in verschiedene Richtungen entwickelt haben. Daher erklären sich die vielen Ähnlichkeiten, aber auch einige prinzipielle Unterschiede. In Wortschatz und Satzbau gibt es viele Übereinstimmungen mit dem Deutschen, während die grammatischen Formen der niederländischen Wörter viel einfacher sind.

Das Niederländische ist vor allem in den Provinzen Nord- und Südholland entstanden, also in dem Gebiet, wo die großen Städte Amsterdam, Den Haag und Rotterdam liegen. Sie hatten sich schon seit dem 16. / 17. Jahrhundert zum Zentrum der Niederlande entwickelt. Daher wird auch heute noch meist von „Holland" gesprochen, auch wenn die ganzen Niederlande gemeint sind.

In diesen Jahrhunderten wurde auch die Bibel ins Niederländische übersetzt, was einen großen Einfluss auf die Entwicklung der Sprache ausgeübte, da die Bibel in gläubigen Familien jener Zeiten täglich gelesen wurde.

Auch die anderen Teile der Niederlande waren an der Entwicklung der Sprache beteiligt.

Die „Republik der Vereinigten Niederlande" des sog. Goldenen Zeitalters war politisch eine Föderation mit gemeinsamem Staatsoberhaupt. Die Provinz bzw. Grafschaft Holland mit ihrer besonderen Städteautonomie war bei weitem die führende Macht innerhalb dieser Föderation.

Über die Sprache

Die heutige Umgangssprache wird „Algemeen Beschaafd Nederlands" genannt. Daneben gibt es noch einige niederländische Dialekte. In Nord-Belgien (West- und Ostflandern, in den Provinzen Antwerpen, Limburg und in Flämisch-Brabant) wird Flämisch gesprochen, das eine regionale Variante des Niederländischen ist. Der restliche Teil Belgiens jenseits der Sprachgrenze spricht Französisch.

In den Niederlanden gibt es noch eine zweite Amtssprache, das Friesische. So sind in der nördlichen Provinz Friesland auch alle Ortsnamen auf Friesisch (bzw. teilweise zweisprachig) beschildert. Das Friesische im Norden der Niederlande ist dieselbe Sprache wie das Ost- und Nordfriesische in Deutschland, allerdings gibt es auch hier Dialektunterschiede. In veränderter Form wird in Südafrika Afrikaans gesprochen, das ursprünglich von niederländischen Kolonialherren ins Land gebracht wurde und heute eine selbständige Sprache darstellt.

Und seit einigen Jahren ist in den Niederlanden noch eine weitere Regionalsprache in der Entstehung: das Limburgische im Südosten des Landes (mit Maastricht als wichtigster Stadt). Bisher als niederländischer Dialekt geltend, taucht es nun ebenfalls immer öfter auf Ortsschildern und in den Medien auf.

Gemütlicher Segeltörn in ruhigen Gewässern

Aussprache & Betonung

Im Prinzip wird alles so gesprochen, wie es geschrieben wird, wenn man folgende Buchstaben anders als gewohnt spricht:

ch ch	immer wie in „la**ch**en" (niemals wie in „ich") **tochtje** tochtj^e *Ausflug*	
g ~~ch~~ sh	wie ch, aber stimmhaft; in Lehnwörtern vor e, i, y stimmhaftes „sch" **garage** ~~ch~~arraash^e *Autowerkstatt*	
ng ng	hier spricht man das g wie im Deutschen **brengen** bräng^e(n) *bringen*	
s ß	stets scharf (stimmlos) sprechen! **saai** ßaaj *langweilig* **studeren** ßtü(ü)deer^e(n) *studieren* **spreken** ßpreek^e(n) *sprechen*	
z s	stimmhaft wie in „Ro**s**e" **zoeken** su(u)k^e(n) *suchen*	
v v	Aussprache zwischen „f" und „w" **vriend** vriint *Freund*	
sch ßch	kein deutsches „sch", sondern erst ein „ß" und dann „ch" sprechen wie in „Häu**sch**en" **school** ßchool *Schule*	
sj sch	deutsches „sch" **kruisje** kröüsch^e *Kreuzchen*	
tj tch	zwischen „tch" und „tj" **hartje** harrtch^e *Herzchen*	

Das kurze a des Niederländischen klingt dunkler und dumpfer als sein deutsches Gegenstück (ganz leicht in Richtung „o" tendierend), aber nicht so dumpf wie im Bairischen. In unserer Lautschrift steht dafür aber immer nur a). Daher wirkt auch auto *„Auto" für uns ein bisschen wie „outoo".*

Seitenzahlen
Um Ihnen den Umgang mit den Zahlen zu erleichtern, wird auf jeder Seite die Seitenzahl auch in Niederländisch mit Lautschrift angegeben!

Wem die Aussprache als öü zu schwierig ist, kann ui problemlos auch als „öi" aussprechen. Ein „äu" würde allerdings ziemlich deutsch klingen.

In der hier verwendeten Lautschrift deuten in Klammern stehende Selbstlaute darauf hin, dass sie weder besonders kurz noch ausgesprochen lang sind. Die Klangfarbe ist dabei aber dieselbe wie bei den langen Selbstlauten. Neben dem eu und dem u kommen mittellange Vokale besonders häufig in Lehnwörtern vor.

Ein in Klammern stehendes (n) soll hingegen andeuten, dass man das „n" hier aussprechen oder weglassen kann (im holländischen Kerngebiet eher weglassen, in den Südniederlanden und Belgien mitsprechen!)

oe	u,	langes oder mittellanges „u"
	u(u)	**hoe** huu *wie,* **boek** bu(u)k *Buch*
eu	öö	langes „ö"
		keuken kööke(n) *Küche*
ui	öü	**huis** höüß *Haus*
ij	äj	**mijn** mäjn *mein*
e	e	kurzes dumpfes „e" wie in „bitt**e**"
		regen reeëe(n) *Regen*
ei	äj	**klein** kläin *klein*
u	ü(ü)	mittellanges „ü": **nu** nü(ü) *jetzt*
	ö	kurzer Laut zwischen „i" in „b**i**tte" und „ö" in „Ger**ö**ll"
		kunnen könne(n) *können*
ou	au	**koud** kaut *kalt*

Doppelte Selbstlaute sind lang zu sprechen. Am Wortende treten diese Änderungen auf:

-lijk	-lek	**hartelijk**	harrtelek	herzlich
-tie	-zi(i)	**vakantie**	vakkannzi(i)	Ferien
-ig	-ech	**weinig**	wäjnech	wenig
-isch	-i(i)ß	**Belgische**	bällëhi(i)ße	Belgierin

Am Wortende werden wie im Deutschen -b und -d stimmlos gesprochen:

| **heb** | häpp | habe |
| **aavond** | aavent | Abend |

Am Wortende z. B. eines Tätigkeitswortes wird das -n der Endung -en in vielen Gegenden verschluckt (d. h. nur -e), also wie wir es auch in einigen deutschen Dialekten gerne tun:

praten	praate(n)	sprechen

In der gesprochenen Sprache sind diese Artikelformen entgegen der Regel abgeschwächt:

het	ᵉt	das, es
een	ᵉn	ein

Es gibt im Niederländischen viele französische Lehnwörter, die man aber auch nach wie vor französisch ausspricht! Im Deutschen wurden diese Wort im Laufe der Zeit viel stärker eingedeutscht.

paraplu	parrapplü(ü)	Regenschirm

© WS

■ Küstendorf in den Dünen

Wörter, die weiterhelfen

Zur ersten Orientierung sind die folgenden Formulierungen hilfreich.

Ik zou graag ... willen. (Ich möchte ...)

Ik zou graag koffie willen.
ikk sau ~~eh~~raach koffi(i) will^(e)(n)
ich würde gerne Kaffee wollen
Ich möchte einen Kaffee.

Ik zou graag een ijsje willen.
ikk sau ~~eh~~raach ^en äjsch^e will^en
ich würde gerne ein Eischen wollen
Ich möchte ein Eis.

Ik zou graag een koffie verkeerd willen.
ikk sau ~~eh~~raach ^en koffi(i) v^erkeert will^en
ich würde gerne ein Kaffee falsch wollen
Ich möchte einen Milchkaffee.

Waar is ... ? (Wo ist ... ?)

Waar is een garage, alstublieft?
waar ißß ^en ~~eh~~arraash^e aßßtübliift
wo ist eine Garage wie-es-Ihnen-beliebt
Wo ist hier eine Werkstatt, bitte?

Waar is het postkantoor, alstublieft?
waar ißß ^et poßßtkantoor aßßtübliift
wo ist das Postbüro wie-es-Ihnen-beliebt
Wo ist die Post, bitte?

Waar is het toilet, alsjeblieft?
waar ißß ᵉt twa(a)lätt aßßjᵉbliift
wo ist die Toilette wie-es-dir-beliebt
Wo ist die Toilette, bitte?

Man achte dann genau auf die Handbewegungen und auf folgende Richtungsangaben:

naar rechts / rechtsaf	nach rechts
naar rächtß / rächtßaff	
naar links / linksaf	nach links
naar linkß / linkßaff	
rechtdoor	geradeaus
rächtdoor	

Heeft u ... ? (Haben Sie ... ?)

Heeft u een kamer vrij?
heeft ü(ü) ᵉn kaamᵉr vräj
Haben Sie ein Zimmer frei?

Hier wird man als Antwort ja oder nee (nein) bekommen.

Heeft u briefkaarten?
heeft ü(ü) briifkaartᵉ(n)
Haben Sie Postkarten?

Heeft u postzegels?
heeft ü(ü) poßßtseeᶜʰᵉlß
Haben Sie Briefmarken?

Dank u wel!	**Dank je wel!**
dank ü wäll	dank jᵉ wäll
danke Ihnen gut	*danke dir gut*
Danke!	Danke!

Beim Bedanken kommt es darauf an, ob man sich duzt oder siezt.

Ähnlichkeiten & Unterschiede

Im Wörterverzeichnis am Ende des Buches habe ich vor allem die Wörter berücksichtigt, die eine andere Bedeutung als im Deutschen haben, oder die sich nur schwer herleiten lassen.

Bei ähnlichen Wörtern gibt es aber ein paar Regeln, mit denen man viele Wörter auch ohne Wörterbuch herleiten kann. Daher folgende Übersicht als Beispiel:

p		pf
plicht	plicht	Pflicht
paard	paart	Pferd
pond	ponnt	Pfund
appel	app^el	Apfel
ij		**ei**
mijn	mäjn	mein
ijs	äjß	Eis
vrij	vräj	frei
bij	bäj	bei
p		**f, ff**
hopen	hoop^e(n)	hoffen
helpen	hällp^e(n)	helfen
open	oop^e(n)	offen
schaap	ßchaap	Schaf
ui		**au**
huis	höüß	Haus
uit	öüt	aus
huid	höüt	Haut
luid	löüt	laut

t		z
tong	tong	Zunge
twee	twee	zwei
toestand	tuußtannt	Zustand
tang	tang	Zange
f		**b**
of	off	ob
af	aff	ab
lief	liif	lieb
stof	ßtoff	Staub
s		**sch**
smal	ßmall	schmal
snel	ßnäll	schnell
slecht	ßlächt	schlecht
t		**s, ss**
weten	weet e(n)	wissen
dat	datt	das
laten	laat e(n)	lassen
d		**t**
dag	dach	Tag
drinken	drinke e(n)	trinken
dood	doot	Tod
dal	dall	Tal
zw		**schw**
zwager	swaage er	Schwager
zwaar	swaar	schwer
zwak	swakk	schwach
zwemmen	swämm e(n)	schwimmen
k		**ch**
breken	breek e(n)	brechen
ik	ikk	ich
rekenen	reek en e(n)	rechnen
welke	wällk e	welche

v		b
zilver	sillᵉr	Silber
geven	~~eh~~eevᵉ(n)	geben
leven	leevᵉ(n)	leben
sterven	ßtärrvᵉ(n)	sterben

Manchmal unterscheidet sich nur die Schreibweise, während die Wörter fast gleich gesprochen werden:

v		f
vet	vätt	fett
vinden	vinndᵉ(n)	finden
vliegen	vliiᵉhᵉ(n)	fliegen
vallen	vallᵉ(n)	fallen
oe		**u**
bloem	blu(u)m	Blume
hoed	hu(u)t	Hut
stoel	ßtu(u)l	Stuhl
goed	~~eh~~u(u)t	gut
z		**weiches s**
zicht	sicht	Sicht
zo	soo	so
zorgen	sorrᵉhᵉ(n)	sorgen
zee	see	(die) See

Das niederländische zee bezeichnet immer „Meer", das niederländische meer hingegen den deutschen „(Binnen-) See".

Viele Wörter werden zwar gleich geschrieben, aber anders als im Deutschen ausgesprochen, vor allem solche mit st, sp, sch und g.

Hauptwörter

Außer am Satzanfang und bei Eigennamen wird im Niederländischen alles einfach klein geschrieben.

bestimmter Artikel

Man unterscheidet im Niederländischen nicht zwischen männlich und weiblich, und es gibt auch nur zwei Artikel: de und het.

Als einzige Faustregel kann man sich merken, dass belebte Hauptwörter (z. B. Personen, Tiere, Pflanzen und deren Bestandteile) und „bewegte" Hauptwörter (z. B. Motorisiertes, mechanisch Bewegtes, wie Uhr, Windmühle oder Fahrrad, aber auch Werkzeuge) immer den bestimmten Artikel de haben.

Alle anderen Hauptwörter haben nach diesem groben Schema den bestimmenden Artikel het. Ausnahmen gibt es immer, z. B. het kind (obwohl belebt).

Der bestimmte Artikel in der Mehrzahl ist hingegen immer de.

Das männliche und das weibliche Geschlecht sind in dieser Gruppe schlicht und einfach zusammengefallen.

Dies ist also das übrig gebliebene sächliche Geschlecht des Niederländischen. Aber es umfasst ebenso wenig wie das deutsche Neutrum alle unbelebten Hauptwörter.

de man	d^e mann	der Mann
de mannen	d^e mann^e(n)	die Männer
de vrouw	d^e vrau	die Frau
de vrouwen	d^e vrauw^e(n)	die Frauen
het boek	^et bu(u)k	das Buch
de boeken	d^e bu(u)k^e(n)	die Bücher

unbestimmter Artikel

Der unbestimmte Artikel heißt immer een.

een man	ᵉn mann	ein Mann
een vrouw	ᵉn vrau	eine Frau
een boek	ᵉn bu(u)k	ein Buch

Mehrzahl

Die meisten Wörter im Niederländischen bilden die Mehrzahl mit der Endung -en.

de dag	dᵉ dach	der Tag
de dagen	dᵉ daa~~ch~~ᵉ(n)	die Tage
het jaar	ᵉt jaar	das Jahr
de jaren	dᵉ jaarᵉ(n)	die Jahre
de mens	dᵉ männß	der Mensch
de mensen	dᵉ männßᵉ(n)	die Menschen

Dabei ändert sich gegebenenfalls die Schreibweise: f wird zu v, und s wird zu z.

het huis	ᵉt höüß	das Haus
de huizen	dᵉ höüsᵉ(n)	die Häuser
het glas	ᵉt ~~ch~~laßß	das Glas
de glazen	dᵉ ~~ch~~laasᵉ(n)	die Gläser
de golf	dᵉ chollf	die Welle
de golven	dᵉ chollvᵉ(n)	die Wellen

Manchmal wird der letzte Buchstabe verdoppelt, vor allem dann, wenn man den Selbstlaut kurz spricht.

het bos	ᵉt boßß	der Wald
de bossen	dᵉ boßßᵉ(n)	die Wälder
de man	dᵉ mann	der Mann
de mannen	dᵉ mannᵉ(n)	die Männer
de tak	dᵉ takk	der Zweig
de takken	dᵉ takkᵉ(n)	die Zweige

Einige Hauptwörter bilden die Mehrzahl jedoch mit der Endung -eren, und zwar immer, wenn im Deutschen für das entsprechende Wort die Endung -er benutzt wird.

het kind	ᵉt kinnt	das Kind
de kinderen	dᵉ kinndᵉrᵉ(n)	die Kinder
het ei	ᵉt äj	das Ei
de eieren	dᵉ äjᵉrᵉ(n)	die Eier
het lied	ᵉt liit	das Lied
de liederen	dᵉ liidᵉrᵉ(n)	die Lieder

Wenn ein Wort bereits in der Einzahl auf -en oder auf -el, -er, -aar, -je endet, fügt man in der Mehrzahl ein -s an.

de molen	dᵉ moolᵉ(n)	die Mühle
de molens	dᵉ moolᵉnß	die Mühlen
de vogel	dᵉ vooohᵉl	der Vogel
de vogels	dᵉ vooohᵉlß	die Vögel
de vader	dᵉ vaadᵉr	der Vater
de vaders	dᵉ vaadᵉrß	die Väter
de winnaar	dᵉ winnaar	der Gewinner
de winnaars	dᵉ winnaarß	die Gewinner
het huisje	ᵉt höüschᵉ	das Häuschen
de huisjes	dᵉ höüschᵉß	die Häuschen

Endet ein Wort auf -a, -i, -o oder -u, wird die Pluralform mit einem Apostroph geschrieben.

de foto	deͤ footoo	das Foto
de foto's	deͤ footooß	die Fotos
de auto	deͤ auto(o)	das Auto
de auto's	deͤ auto(o)ß	die Autos

© WS

*KOFFIE
*APPELGEBAK
*WARME CHOCOLADE
*JUTTERKOFFIE
*GLÜHWEIN

LUNCH aan
PLATE SERVICE
PANNEKOEKEN
PISTOLETS
WHITSMÜTERS

SPECIALITEITEN
*LAMSVLEES
VISSPECIALITEITEN

Speis' und Trank auf Texel

Eigenschaftswörter

Die Grundform der Eigenschaftswörter wird generell bei Gebrauch als Umstandswort oder als Ergänzung einer Satzaussage mit „sein" (z. B. „er ist groß") verwendet:

Het weer is mooi.
ᵉt weer iß mooj
Das Wetter ist schön.

Hij zwemt goed.
häj swämmt ᵍʰu(u)t
Er schwimmt gut.

Het huis is wat klein.
ᵉt höüß iß watt kläjn
Das Haus ist etwas klein.

De stad is weinig groen.
dᵉ ßtatt iß wäjnᵉch ᵍʰru(u)n
die Stadt ist wenig grün
Die Stadt ist nicht sehr grün.

Das Eigenschaftswort erhält die Endung -e, wenn es als nähere Bestimmung zu Hauptwortern mit dem bestimmten Artikel oder in der Mehrzahl steht.

In Kombination mit dem unbestimmten Artikel een erhalten Eigenschaftswörter, die Hauptwörter nichtsächlichen Geschlechts (also die mit dem bestimmten Artikel de in der Einzahl) näher bestimmen, ebenfalls die Endung -e. Dies gilt aber nicht für sächliche Hauptwörter (also die mit dem bestimmten Artikel het) in Kombination mit een.

het grote huis
ᵉt ᵍʰrooteᵉ höüß
das große Haus

de oude vrouw
dᵉ audᵉ vrau
die alte Frau

de nieuwe fiets
dᵉ niiuᵉ fiitß
das neue Fahrrad

een dikke man
ᵉn dikkᵉ mann
ein dicker Mann

Wenn Hauptwörter sächlichen Geschlechts (die het-Wörter) unbestimmt sind, also mit een, gewissen anderen Wörtchen oder ganz ohne Artikel stehen, bleibt ein davor stehendes Eigenschaftswort in der Grundform.

mooi weer	schönes Wetter
mooj weer	
een groot huis	ein großes Haus
ᵉn ~~ch~~root höüß	
geen lief kind	kein liebes Kind
~~ch~~een liif kinnt	
ieder klein meisje	jedes kleine Mädchen
iidᵉr kläjn mäjschᵉ	

Steigern & Vergleichen

Steigerungsformen bildet man mit den Endungen -er (1. Stufe) bzw. -st (2. Stufe).

rijk	**rijker**	**het rijkst**
räjk	räjkᵉr	ᵉt räjkßt
reich	reicher	am reichsten
klein	**kleiner**	**het kleinst**
kläjn	kläjnᵉr	ᵉt kläjnßt
klein	kleiner	am kleinsten

Falls das Eigenschaftswort auf -r endet, wird in der 1. Steigerungsstufe -der angehängt.

zwaar	**zwaarder**	**het zwaarst**
swaar	swaardᵉr	ᵉt swaarßt
schwer	schwerer	am schwersten

Um zu vergleichen, verwendet man dan *(als)*.

Jaap is ouder dan Fred.
jaap ißß aud^er dann frätt
Jaap ist älter als Fred.

Geht es um die Gleichwertigkeit, so wird even
... als oder net zo ... als verwendet.

Hij is even slim als ik.
häj ißß eev^e(n) ßlimm allß ikk
Er ist genauso schlau wie ich.

Rita is net zo aardig als Joost.
riita ißß nätt soo aard^ech allß jooßt
Rita ist ebenso so nett wie Joost
Rita ist genauso nett wie Joost.

Farben		
wit	witt	weiß
geel	~~ch~~eel	gelb
oranje	o(o)rannj^e	orange
roze	rò(ò)s	rosa
rood	root	rot
grocn	~~ch~~ru(u)n	grün
blauw	blau	blau
paars	paarß	lila
bruin	bröün	braun
grijs	~~ch~~räjß	grau
zwart	swarrt	schwarz

*In roze wird das „o"
wie im Französischen
ausgesprochen, also
offen und halblang.*

Persönliche Fürwörter

Bei den Fürwörtern unterscheidet man betonte und unbetonte Formen. Die betonten (vollständigen) Formen werden am Satzanfang und schriftlich verwendet, während sonst und vor allem in der Umgangssprache die unbetonten (verkürzten) Formen zu hören sind (siehe Kap. Unbetonte Fürwörter).

wer?

ik	ikk	ich	**wij**	wäj	wir
jij	jäj	du	**jullie**	jölli(i)	ihr
hij	häj	er	**zij**	säj	sie *(Mz)*
zij	säj	sie *(w)*	**u**	ü(ü)	Sie
het	ᵉt	es			

wen? oder wem?

So genau wie im Deutschen wird hier zum Glück nicht unterschieden. Es gibt nur eine Einheitsform.

mij	mäj	mir, mich
jou	jau	dir, dich
hem	hämm	ihm, ihn
haar	haar	ihr, sie
het	ᵉt	ihm, es
ons	onnß	uns
jullie	jöllii(i)	euch
hun	hönn	ihnen, sie
u	ü(ü)	Ihnen, Sie

Ik geef jou …   **Ik zoek jou.**
ikk ~~eh~~eef jau   ikk su(u)k jau
Ich gebe dir …   Ich suche dich.

Besitzanzeigende Fürwörter

Die besitzanzeigenden Fürwörter lauten:

mijn	mäjn	mein
jouw	jau	dein
zijn	säjn	sein
haar	haar	ihr
onze	onnsᵉ	unser
jullie	jölli(i)	euer
hun	hönn	ihr
uw	ü(ü)u	Ihr

Die Endungen der besitzanzeigenden Wörter verändern sich nicht.

mijn vader	mäjn vaadᵉr	mein Vater
jouw moeder	jau mu(u)dᵉr	deine Mutter
zijn huis	säjn höüß	sein Haus
haar ouders	haar audᵉrß	ihre Eltern
jullie boek	jölli(i) bu(u)k	euer Buch
uw auto	ü(ü)u auto(o)	Ihr Auto

de vader	dᵉ vaadᵉr	der Vater
onze vader	onnsᵉ vaadᵉr	unser Vater
de auto	dᵉ auto(o)	das Auto
onze auto	onnsᵉ auto(o)	unser Auto
het huis	ᵉt höüß	das Haus
ons huis	onnß höüß	unser Haus
het boek	ᵉt bu(u)k	das Buch
ons boek	onnß bu(u)k	unser Buch

Ausnahme:
Bei sächlichen Haupt-wörtern, also denen mit dem bestimmten Artikel het, *wird* onze *zu* ons *verkürzt.*

Unbetonte Fürwörter

In der Umgangssprache werden sowohl viele persönliche als auch besitzanzeigende Fürwörter verkürzt. Dann klingt es wie folgt:

ik = 'k	ik = k	ich
mij = me	mäj= m^e	mir, mich
jij = je	jäj = j^e	du
jou(w) = je	jau = j^e	dich, dein
hij = ie	häj = ii	er
hem = 'em	hämm = ^{e}m	ihn
zij = ze	säj = s^e	sie
haar = d'r	haar = dr	ihr
het = 't	^{e}t = t	es
mijn = m'n	mäjn = mn	mein
wij = we	wäj = w^e	wir
zijn = z'n	säjn= sn	sein

© adisa@AdobeStock

Haus im spitzen Winkel, Amsterdam

Dieses & Jenes

Man unterscheidet zwei Entfernungsgrade: deze oder dit für Näherliegendes, und die oder dat für Entfernteres.

Artikel		dieses		jenes	
de	dᵉ	**deze** deesᵉ		**die** dii	
het	ᵉt	**dit** ditt		**dat** datt	

Einfach zu merken: Die zu het gehörigen Formen dit und dat enden ebenso auf -t.

de moeder	dᵉ mu(u)dᵉr	die Mutter
deze moeder	deesᵉ mu(u)dᵉr	diese Mutter
die moeder	dii mu(u)dᵉr	jene Mutter
het kind	ᵉt kinnt	das Kind
dit kind	ditt kinnt	dieses Kind
dat kind	datt kinnt	jenes Kind

Deze vrouw is mijn moeder.
deesᵉ vrau ißß mäjn mu(u)dᵉr
Diese Frau ist meine Mutter.

Dit boek is erg spannend.
ditt bu(u)k ißß ärrch ßpannᵉnt
Dieses Buch ist sehr spannend.

Die man is mijn vader.
dii mann ißß mäjn vaadᵉr
Jener Mann ist mein Vater.

Dat huis is groot.
datt höüß ißß ch̶root
Jenes Haus ist groß.

Wenn man den niederländischen Artikel eines Hauptwortes kennt, kann man sich so immer die richtige Form erschließen.

Relativpronomen

Die und dat werden auch als Relativpronomen verwendet. Wenn das beschriebene Hauptwort den Artikel de hat, wird wie beschrieben die verwendet, und bei Hauptwörtern mit dem Artikel het demnach dat.

de stoel, die ik gekocht heb
d^e ßtu(u)l dii ikk ~~eh~~^{e}kocht häpp
der Stuhl, den ich gekauft habe

de jongen, die je geholpen hebt
d^e jong^e(n) dii j^e ~~eh~~^{e}hollp^e(n) häppt
der Junge, dem du geholfen hast

het huis, dat ik gezien heb
^{e}t hööß datt ikk ~~eh~~^{e}siin häpp
das Haus, das ich gesehen habe

In Relativsätzen, in denen eine Person näher beschrieben wird, gibt es jedoch einige Ausnahmen, z. B. wenn das Relativpronomen auf ein Verhältniswort (Präposition) folgt, verändert sich das die zu einem wie:

Hier is de man, met wie ik sprak.
hiir ißß d^e mann mätt wii ikk ßprakk
Hier ist der Mann, mit dem ich sprach.

Modalverben

Folgende Modalverben sind sehr nützlich und häufig: kunnen *(können)*, moeten *(müssen)*, mogen *(dürfen)* und willen *(wollen)*. Da die Formen unregelmäßig sind, hier eine Tabelle:

Gegenwart

Die persönlichen Fürwörter stehen wie im Deutschen vor dem gebeugten Verb.

können	müssen	dürfen	wollen	
kan	**moet**	**mag**	**wil**	ik
kann	mu(u)t	mach	will	ikk
kunt	**moet**	**mag**	**wilt**	jij, u
könnt	mu(u)t	mach	willt	jäj, ü
kan	**moet**	**mag**	**wil**	hij, zij
kann	mu(u)t	mach	will	häj, säj
kunnen	**moeten**	**mogen**	**willen**	wij, jullie, zij
könn^e(n)	mu(u)t^e(n)	moo~~eh~~^{e}(n)	will^e(n)	wäj, jölli(i), säj

Wie im Deutschen folgt auf die Modalverben immer ein Verb in der Grundform:

Jij moet hem schrijven.
jäj mu(u)t hämm ßchräjv^e(n)
Du musst ihm schreiben.

Ik wil haar helpen.
ikk will haar hällp^e(n)
Ich will ihr helfen.

Vergangenheit			
können	**müssen**	**dürfen**	**wollen**
kon	**moest**	**mocht**	**wilde / wou**
konn	mu(u)ßt	mocht	willde / wau
konden	**moesten**	**mochten**	**wilden**
konnde(n)	mu(u)ßte(n)	mochte(n)	willde(n)

ik, jij, u, hij, zij
ikk, jäj, ü, häj, säj
wij, jullie, zij
wäj, jölli(i), säj

Ik wilde blijven.　　**Wij moesten drinken.**
ikk willde bläjve(n)　　wäj mu(u)ßte(n) drinke(n)
Ich wollte bleiben.　　Wir mussten trinken.

Wortstellung

Bei zusammengesetzten Zeiten und in Nebensätzen kann es vorkommen, dass mehrere Verbformen am Satzende stehen. Die Reihenfolge ist im Vergleich zum Deutschen meist vertauscht.

De vrouw zei dat hij wou komen.
de vrau säj datt häj wau koome(n)
die Frau sagte dass er wollte kommen
Die Frau sagte, dass er kommen wollte.

Ik heb haar niet laten gaan.
ikk häpp haar niit laate(n) ~~ch~~aan
ich habe sie nicht lassen gehen
Ich habe sie nicht gehen lassen.

Sein & Haben

Hier die Formen der unregelmäßigen Verben hebben häbb^e(n) *(haben)* und zijn säjn *(sein)*.

Gegenwart

ik ben	ikk bänn	ich bin
jij bent	jäj bännt	du bist
u bent	ü(ü) bännt	Sie sind
hij / zij is	häj / säj ißß	er / sie ist
wij zijn	wäj säjn	wir sind
jullie zijn	jölli(i) säjn	ihr seid
zij zijn	säj säjn	sie sind

ik heb	ikk häpp	ich habe
jij hebt	jäj häppt	du hast
u heeft	ü(ü) heeft	Sie haben
hij / zij heeft	häj / säj heeft	er / sie hat
wij hebben	wäj häbb^e(n)	wir haben
jullie hebben	jölli(i) häbb^e(n)	ihr habt
zij hebben	säj häbb^e(n)	sie haben

Vergangenheit

ik was	ikk waßß	ich war
jij was	jäj waßß	du warst
u was	ü(ü) waßß	Sie waren
hij / zij was	häj / säj waßß	er / sie war
wij waren	wäj waar^e(n)	wir waren
jullie waren	jölli(i) waar^e(n)	ihr wart
zij waren	säj waar^e(n)	sie waren

ik had	ikk hatt	ich hatte
jij had	jäj hatt	du hattest
u had	ü(ü) hatt	Sie hatten
hij / zij had	häj / säj hatt	er / sie hatte
wij hadden	wäj hadd^e(n)	wir hatten
jullie hadden	jölli(i) hadd^e(n)	ihr hattet
zij hadden	säj hadd^e(n)	sie hatten

Tätigkeitswörter

Niederländische Tätigkeitswörter (Verben) enden in der Grundform fast immer auf -en.

werken	wärrk^e(n)	arbeiten
zoeken	su(u)k^e(n)	suchen

Gegenwart

Den Verbstamm erhält man, indem man diese zwei Buchstaben abtrennt. Die Ich-Form entspricht dem Stamm.

ik werk	ikk wärrk	ich arbeite
ik zoek	ikk su(u)k	ich suche

Auch bei Fragen mit jij / je *(du)* wird der Verbstamm verwendet.

Werk je?	wärrk j^e	Arbeitest du?
Zoek je?	su(u)k j^e	Suchst du?

Die Form für „du" sowie für „er, sie" und „Sie"
endet auf -t.

jij werkt	jäj wärrkt	du arbeitest
jij zoekt	jäj su(u)kt	du suchst

hij / zij werkt	häj / säj wärrkt	er / sie arbeitet
hij / zij zoekt	häj / säj su(u)kt	er / sie sucht

u werkt	ü(ü) wärrkt	Sie arbeiten
u zoekt	ü(ü) su(u)kt	Sie suchen

Die Mehrzahl der Gegenwart ist immer mit
der Grundform identisch.

wij werken	wäj wärrke(n)	wir arbeiten
wij zoeken	wäj su(u)ke(n)	wir suchen
jullie werken	jölli(i) wärrke(n)	ihr arbeitet
jullie zoeken	jölli(i) su(u)ke(n)	ihr sucht
zij werken	säj wärrke(n)	sie arbeiten
zij zoeken	säj su(u)ke(n)	sie suchen

Hier nochmal alles in einer Übersicht:

werken	wärrke(n)	**arbeiten**
ik werk	ikk wärrk	ich arbeite
jij werkt	jäj wärrkt	du arbeitest
u werkt	ü(ü) wärrkt	Sie arbeiten
hij / zij werkt	häj / säj wärrkt	er / sie arbeitet
wij werken	wäj wärrke(n)	wir arbeiten
jullie werken	jölli(i) wärrke(n)	ihr arbeitet
zij werken	säj wärrke(n)	sie arbeiten

zoeken	su(u)k^e(n)	**suchen**
ik zoek	ikk su(u)k	ich suche
jij zoekt	jäj su(u)kt	du suchst
u zoekt	ü(ü) su(u)kt	Sie suchen
hij / zij zoekt	häj / säj su(u)kt	er / sie sucht
wij zoeken	wäj su(u)k^e(n)	wir suchen
jullie zoeken	jölli(i) suuk^e(n)	ihr sucht
zij zoeken	säj suuk^e(n)	sie suchen

Zukunft

Um sich die Sache möglichst einfach zu machen, kann man die Gegenwartsform mit einem Zeitbegriff verwenden, wenn man etwas Zukünftiges aussagen will, zum Beispiel „Morgen komme ich."

Korrekterweise wird die Zukunft mit zullen söll^e(n) *(werden)* und der Grundform des jeweiligen Verbs gebildet.

Achtung, das niederländische Wort worden worrd^e(n) bedeutet ebenfalls „werden", wird aber nur für die Passivbildung benutzt.

ich werde kommen
usw.

ik	zal	komen	ikk sall koom^e(n)
jij / u	zult	komen	jäj / ü(ü) söllt koom^e(n)
hij / zij	zal	komen	häj / säj sall koom^e(n)
wij	zullen	komen	wäj söll^e(n) koom^e(n)
jullie	zullen	komen	jölli(i) söll^e(n) koom^e(n)
zij	zullen	komen	säj söll^e(n) koom^e(n)

einfache Vergangenheit (Imperfekt)

Die einfache Vergangenheit wird mit den Endungen -te für Einzahl und -ten für Mehrzahl gebildet, wenn der Stamm auf einen **harten (stimmlosen) Mitlaut** (f, k, s, t, p, x, ch) auslautet.

werken wärrke(n) – **Stamm: werk-** (k ist hart)		
ik werkte	ikk wärrkte	ich arbeitete
jij werkte	jäj wärrkte	du arbeitetest
u werkte	ü(ü) wärrkte	Sie arbeiteten
hij / zij werkte	häj / säj wärrkte	er / sie arbeitete
wij werkten	wäj wärrkte(n)	wir arbeiteten
jullie werkten	jölli(i) wärrkte(n)	ihr arbeitetet
zij werkten	säj wärrkte(n)	sie arbeiteten

Wenn der Stamm auf einen **weichen (stimmhaften) Mitlaut** endet, werden stattdessen die Endungen -de und -den verwendet.

wonen woone(n) – **Stamm: woon-** (n ist weich)		
ik woonde	ikk woonde	ich wohnte
jij woonde	jäj woonde	du wohntest
u woonde	ü(ü) woonde	Sie wohnten
hij / zij woonde	häj / säj woonde	er / sie wohnte
wij woonden	wäj woonde(n)	wir wohnten
jullie woonden	jölli(i) woonde(n)	ihr wohntet
zij woonden	säj woonde(n)	sie wohnten

zusammengesetzte Zeiten

Die vollendete Gegenwart (Perfekt) wird wie im Deutschen mit hebben oder zijn gebildet

Auch entlehnte Tätigkeitswörter, deren Partizipien im Deutschen ja keine Vorsilbe haben, zeigen im Niederländischen dieses ge-: informeren – geinformeerd *(deutsch: „informieren – informiert"). Lediglich Verben, die in der Grundform und den Beugungsformen bereits eine andere feste Vorsilbe zeigen (z. B.* be-, ver-*), haben kein* ge- *im Partizip.*

ich habe gewohnt usw.

ich bin gekommen usw.

(s. Kapitel „Sein & Haben"), worauf das Partizip des Hauptverbs, das in den meisten Fällen die Vorsilbe ge- hat, folgt. Die Endung richtet sich danach, ob der Stamm auf einen harten oder weichen Mitlaut endet.

Partizip

Das Partizip bei **harten Mitlauten** wird gebildet aus ge- + Verbstamm + -t, bei **weichen Mitlauten** aus ge- + Verbstamm + -d.

werken	Stamm: **werk-**	Partizip: **gewerkt**
wonen	Stamm: **woon-**	Partizip: **gewoond**

Perfekt

ik	**heb**	**gewoond**	ikk häpp ~~eh~~ᵉwoont
jij / u	**hebt**	**gewoond**	jäj / ü häppt ~~eh~~ᵉwoont
hij / zij	**heeft**	**gewoond**	häj / säj heeft ~~eh~~ᵉwoont
wij	**hebben**	**gewoond**	wäj häbbᵉ(n) ~~eh~~ᵉwoont
jullie	**hebben**	**gewoond**	jölli(i) häbbᵉ(n) ~~eh~~ᵉwoont
zij	**hebben**	**gewoond**	säj häbbᵉ(n) ~~eh~~ᵉwoont

ik	**ben**	**gekomen**	ikk bänn ~~eh~~ᵉkoomᵉ(n)
jij / u	**bent**	**gekomen**	jäj / ü bännt ~~eh~~ᵉkoomᵉ(n)
hij / zij	**is**	**gekomen**	häj / säj ißß ~~eh~~ᵉkoomᵉ(n)
wij	**zijn**	**gekomen**	wäj säjn ~~eh~~ᵉkoomᵉ(n)
jullie	**zijn**	**gekomen**	jölli(i) säjn ~~eh~~ᵉkoomᵉ(n)
zij	**zijn**	**gekomen**	säj säjn ~~eh~~ᵉkoomᵉ(n)

Im Allgemeinen kann gesagt werden, dass immer, wenn man im Deutschen Formen von

„sein" verwendet, im Niederländischen auch zijn sagt, und in allen anderen Fällen eben heb-ben. Eine vollendete Vergangenheit (Plusquamperfekt) gibt es natürlich auch. Sie wird wie das Perfekt gebildet, allerdings mit den Vergangenheitsformen had / hadden hatt / hadde(n) bzw. was / waren waßß / waare(n).

Möglichkeitsform

Die Möglichkeitsform (Konditional) wird mit zou / zouden und der Grundform des Verbs gebildet:

ik	zou	komen	ikk sau koome(n)	*ich würde kommen*
jij / u	zou	komen	jäj / ü sau koome(n)	*usw.*
hij / zij	zou	komen	häj / säj sau koome(n)	
wij	zouden	komen	wäj saude(n) koome(n)	
jullie	zouden	komen	jölli(i) saude(n) koome(n)	
zij	zouden	komen	säj saude(n) koome(n)	

Passiv

Für das Passiv verwendet man Formen von worden *(werden)*:

ich werde gerufen, usw.

ik word geroepen	ikk worrt ~~eh~~eru(u)pe(n)
jij / u wordt geroepen	jäj / ü worrt ~~eh~~eru(u)po(n)
hij / zij wordt geroepen	häj / säj worrt ~~eh~~eru(u)pe(n)
wij worden geroepen	wäj worrde(n) ~~eh~~eru(u)pe(n)
jullie worden geroepen	jölli(i) worrde(n) ~~eh~~eru(u)pe(n)
zij worden geroepen	säj worrde(n) ~~eh~~eru(u)pe(n)

unregelmäßige Verben

Die folgenden Verben haben unregelmäßige Vergangenheitsformen. Angegeben ist immer die Grundform, die einfache Vergangenheit (Imperfekt) und das Partizip. Diese Liste zeigt nur die wichtigsten unregelmäßigen Verben:

backen	**bakken**	**bakte**	**gebakken**
	bakke(n)	bakkte	~~eh~~bakke(n)
beginnen	**beginnen**	**begon**	**begonnen**
	be~~eh~~inne(n)	be~~eh~~onn	be~~eh~~onne(n)
bewegen	**bewegen**	**bewoog**	**bewogen**
	beweeeh(n)	bewooch	bewooeh(n)
beten	**bidden**	**bad**	**gebeden**
	bidde(n)	batt	~~eh~~ebeede(n)
bieten	**bieden**	**bood**	**geboden**
	biide(n)	boot	~~eh~~eboode(n)
beißen	**bijten**	**beet**	**gebeten**
	bäjte(n)	beet	~~eh~~ebeete(n)
bleiben	**blijven**	**bleef**	**gebleven**
	bläjve(n)	bleef	~~eh~~ebleeve(n)
braten	**braden**	**braadde**	**gebraden**
	braade(n)	braade	~~eh~~ebraade(n)
brechen	**breken**	**brak**	**gebroken**
	breeke(n)	brakk	~~eh~~ebrooke(n)
bringen	**brengen**	**bracht**	**gebracht**
	bränge(n)	bracht	~~eh~~ebracht
denken	**denken**	**dacht**	**gedacht**
	dänke(n)	dacht	~~eh~~edacht
tun	**doen**	**deed**	**gedaan**
	du(u)n	deet	~~eh~~edaan

dragen	**droeg**	**gedragen**	*tragen*
draaeh^e(n)	dru(u)ch	eh^edraaeh^e(n)	
drinken	**dronk**	**gedronken**	*trinken*
drinke^e(n)	dronk	eh^edronke^e(n)	
eten	**at**	**gegeten**	*essen*
eet^e(n)	att	eh^eeh^eet^e(n)	
gaan	**ging**	**gegaan**	*gehen*
eh^aan	eh^ing	eh^eeh^aan	
genieten	**genoot**	**genoten**	*genießen*
eh^eniit^e(n)	eh^enoot	eh^enoot^e(n)	
geven	**gaf**	**gegeven**	*geben*
eh^eeev^e(n)	eh^aff	eh^eeh^eev^e(n)	
gieten	**goot**	**gegoten**	*gießen*
eh^iit^e(n)	eh^oot	eh^eeh^oot^e(n)	
hangen	**hing**	**gehangen**	*hängen*
hange^e(n)	hing	eh^ehange^e(n)	
hebben	**had**	**gehad**	*haben*
häbb^e(n)	hatt	eh^ehatt	
heten	**heette**	**geheten**	*heißen*
heet^e(n)	heet^e	eh^eheet^e(n)	
houden	**hield**	**gehouden**	*halten*
haud^e(n)	hiilt	eh^ehaud^e(n)	
kiozen	**koos**	**gekozen**	*wählen*
kiis^e(n)	kooß	eh^ekuoß^e(n)	
kijken	**keek**	**gekeken**	*schauen*
käjk^e(n)	keek	eh^ekeek^e(n)	
komen	**kwam**	**gekomen**	*kommen*
koom^e(n)	kwamm	eh^ekoom^e(n)	
kopen	**kocht**	**gekocht**	*kaufen*
koop^e(n)	kocht	eh^ekocht	
krijgen	**kreeg**	**gekregen**	*bekommen*
kräjeh^e(n)	kreech	eh^ekreeeh^e(n)	

lassen	**laten**	**liet**	**gelaten**
	laat^e(n)	liit	~~eh~~^elaat^e(n)
lesen	**lezen**	**las**	**gelezen**
	lees^e(n)	laßß	~~eh~~^elees^e(n)
liegen	**liggen**	**lag**	**gelegen**
	li~~ch~~^e(n)	lach	~~eh~~^elee~~ch~~^e(n)
scheinen	**lijken**	**leek**	**geleken**
	läjk^e(n)	leek	~~eh~~^eleek^e(n)
laufen	**lopen**	**liep**	**gelopen**
	loop^e(n)	liip	~~eh~~^eloop^e(n)
nehmen	**nemen**	**nam**	**genomen**
	neem^e(n)	namm	~~eh~~^enoom^e(n)
raten	**raden**	**ried**	**geraden**
	raad^e(n)	riit	~~eh~~^eraad^e(n)
fahren	**rijden**	**reed**	**gereden**
	räjd^e(n)	reet	~~eh~~^ereed^e(n)
rufen	**roepen**	**riep**	**geroepen**
	ru(u)p^e(n)	riip	~~eh~~^eru(u)p^e(n)
riechen	**ruiken**	**rook**	**geroken**
	röük^e(n)	rook	~~eh~~^erook^e(n)
schenken	**schenken**	**schonk**	**geschonken**
	ßchänk^e(n)	ßchonk	~~eh~~^eßchonk^e(n)
rasieren	**scheren**	**schoor**	**geschoren**
	ßcheer^e(n)	ßchoor	~~eh~~^eßchoor^e(n)
schießen	**schieten**	**schoot**	**geschoten**
	ßchiit^e(n)	ßchoot	~~eh~~^eßchoot^e(n)
scheinen	**schijnen**	**scheen**	**geschenen**
	ßchäjn^en	ßcheen	~~eh~~^eßcheen^e(n)
schreiben	**schrijven**	**schreef**	**geschreven**
	ßchräjv^e(n)	ßchreef	~~eh~~^eßchreev^e(n)
erschrecken	**schrikken**	**schrok**	**geschrokken**
	ßchrikk^e(n)	ßchrokk	~~eh~~^eßchrokk^e(n)

slaan	sloeg	geslagen	*schlagen*
ßlaan	ßluuch	eh^eßlaaeh^e(n)	
slapen	**sliep**	**geslapen**	*schlafen*
ßlaap^e(n)	ßliip	eh^eßlaap^e(n)	
sluiten	**sloot**	**gesloten**	*schließen*
ßlöüt^e(n)	ßloot	eh^eßloot^e(n)	
snijden	**sneed**	**gesneden**	*schneiden*
ßnäjd^e(n)	ßneet	eh^eßneed^e(n)	
spreken	**sprak**	**gesproken**	*sprechen*
ßpreek^e(n)	ßprakk	eh^eßprook^e(n)	
springen	**sprong**	**gesprongen**	*springen*
ßpring^e(n)	ßprong	eh^eßprong^e(n)	
staan	**stond**	**gestaan**	*stehen*
ßtaan	ßtonnt	eh^eßtaan	
stelen	**stal**	**gestolen**	*stehlen*
ßteel^e(n)	ßtall	eh^eßtool^e(n)	
sterven	**stierf**	**gestorven**	*sterben*
ßtärrv^e(n)	ßtiirf	eh^eßtorrv^e(n)	
treden	**trad**	**getreden**	*treten*
treed^e(n)	tratt	eh^etreed^e(n)	
treffen	**trof**	**getroffen**	*treffen*
träff^e(n)	troff	eh^etroff^e(n)	
trekken	**trok**	**getrokken**	*ziehen*
träkk^e(n)	trokk	uh^otrokk^e(n)	
vallen	**viel**	**gevallen**	*fallen*
vall^e(n)	viil	eh^evall^e(n)	
vangen	**ving**	**gevangen**	*fangen*
vang^e(n)	ving	eh^evang^e(n)	
varen	**voer**	**gevaren**	*fahren (Schiff)*
vaar^e(n)	vuur	eh^evaar^e(n)	
vergeten	**vergat**	**vergeten**	*vergessen*
v^ereheet^e(n)	v^erehatt	v^ereheet^e(n)	

Tätigkeitswörter

verlieren	**verliezen** vᵉrliise(n)	**verloor** vᵉrloor	**verloren** vᵉrloore(n)
finden	**vinden** vinnde(n)	**vond** vonnt	**gevonden** ~~ch~~ᵉvonnde(n)
fragen	**vragen** vraaᵉhe(n)	**vroeg** vruuch	**gevraagd** ~~ch~~ᵉvraacht
frieren	**vriezen** vriise(n)	**vroor** vroor	**gevroren** ~~ch~~ᵉvroore(n)
waschen	**wassen** waßße(n)	**waste** waßßtᵉ	**gewassen** ~~ch~~ᵉwaßße(n)
werfen	**werpen** wärrpe(n)	**wierp** wiirp	**geworpen** ~~ch~~ᵉworrpe(n)
zeigen	**wijzen** wäjse(n)	**wees** weeß	**gewezen** ~~ch~~ᵉweese(n)
gewinnen	**winnen** winne(n)	**won** wonn	**gewonnen** ~~ch~~ᵉwonne(n)
werden	**worden** worrde(n)	**werd** wärrt	**geworden** ~~ch~~ᵉworrde(n)
sagen	**zeggen** säᵉhe(n)	**zei** säj	**gezegd** ~~ch~~ᵉsächt
senden	**zenden** sännde(n)	**zond** sonnt	**gezonden** ~~ch~~ᵉsonnde(n)
sein	**zijn** säjn	**was** waßß	**geweest** ~~ch~~ᵉweeßt
singen	**zingen** singe(n)	**zong** song	**gezongen** ~~ch~~ᵉsonge(n)
sitzen	**zitten** sitte(n)	**zat** satt	**gezeten** ~~ch~~ᵉseete(n)
suchen	**zoeken** su(u)ke(n)	**zocht** socht	**gezocht** ~~ch~~ᵉsocht
schwimmen	**zwemmen** swämme(n)	**zwom** swomm	**gezwommen** ~~ch~~ᵉswomme(n)

Verhältniswörter & Fälle

Hurra, im Niederländischen haben die Fälle kaum Bedeutung. **Haupt- und Eigenschaftswörter** werden nicht gebeugt. Dort, wo man im Deutschen den 2. Fall anwendet (z. B. „des Vaters"), wird im Niederländischen van de vader, also „von dem Vater", gesagt.

Was die **Fürwörter** anbelangt, so existiert für den 3. und 4. Fall nur eine Einheitsform neben der Grundform.

Diese finden Sie im Kap. „Persönliche Fürwörter".

Hier nun eine Liste der wichtigsten Verhältniswörter.

aan	aan	an
op	opp	auf
uit	öüt	aus
buiten	böüte(n)	außer
bij	bäj	bei
tot	tott	bis
door	door	durch
voor	voor	für
tegen	teeche(n)	gegen
achter	achter	hinter
in	inn	in
met	mätt	mit
naar, na	naar, naa	nach
dichtbij	dichtbäj	nahe
naast	naaßt	neben
zonder	sonnder	ohne
in plaats van	inn plaatß vann	statt

over	oov^{e}r	über
om	omm	um
onder	onnd^{e}r	unter
van	vann	von
voor	voor	vor, für
gedurende	~~ch~~^{e}düür^{e}nd^e	während
vanwege	vannwee~~ch~~^{e}	wegen
te	t^e	zu
tussen	tößß^e(n)	zwischen

met de auto
mätt d^e auto(o)
mit dem Auto

zonder de auto
sonnd^{e}r d^e auto(o)
ohne das Auto

vanwege de auto
vannwee~~ch~~^{e} d^e auto(o)
wegen des Autos

© B747@AdobeStock

■ Hollands Blumenpracht mal anders: Flower-Power-Bus in Haarlem

Bindewörter

Die Bindewörter (Konjunktionen) werden wie im Deutschen verwendet. Ich empfehle allerdings für den Anfang, zunächst möglichst kurze Sätze zu bilden.

maar	maar	aber
of	off	ob; oder
toen	tuun	als
dan	dann	als *(vergleichend)*
hoewel	hu(u)wäll	obwohl
dus	dößß	also
ook	ook	auch
zonder te	sonnd{er} t{e}	ohne zu
voor (dat)	voor (datt)	bevor
sinds	ßinntß	seit
tot	tott	bis
zo	soo	so
daarmee	daarmee	damit
om te	omm t{e}	um zu
dat	datt	dass
en	änn	und
of ... of	off ... off	entweder ... oder
terwijl	tärrwäjl	während
tenzij	tännsäj	es sei denn
noch ... noch	noch ... noch	weder ... noch
indien	inndiin	falls, wenn
omdat	ommdatt	weil
nadat	naadatt	nachdem
als	allß	wenn

Wenden Sie die komplizierteren Konstruktionen lieber erst bei mehr Übung an.

Hier einige Beispiele, wie man die wichtigsten Bindewörter verwenden kann.

dat **Ik hoop dat ik niet stoor.**
datt ikk hoop datt ikk niit ßtoor
(dass) Ich hoffe, dass ich nicht störe.

en **Ik wil naar Amsterdam reizen en moet**
änn **nog een kaartje kopen.**
(und) ikk will naar ammßterdamm räjse(n) änn mu(u)t
noch ᵉn kaartchᵉ koopᵉ(n)
ich will nach Amsterdam reisen und muss
noch ein Kärtchen kaufen
Ich will nach Amsterdam fahren und muss
noch eine Fahrkarte kaufen.

of **Wenst u een eenpersoonskamer of**
off **een tweepersoonskamer?**
(oder) wännßt ü(ü) ᵉn eenpärrßoonßkaamᵉr off
ᵉn tweepärrßoonßkaamᵉr
wünschen Sie ein Einpersonenzimmer oder
ein Zweipersonenzimmer
Möchten Sie ein Einzelzimmer oder
ein Doppelzimmer?

om ... te **Hij gaat naar de boekwinkel om een**
omm ... tᵉ **woordenboek te kopen.**
(um ... zu) häj ~~ch~~aat naar dᵉ bu(u)kwinkᵉl omm
ᵉn woordᵉnbu(u)k tᵉ koopᵉ(n)
er geht nach der Buchladen um
ein Wörterbuch zu kaufen
Er geht in eine Buchhandlung, um
ein Wörterbuch zu kaufen.

Hij was ziek, maar ik niet.   maar
häj waßß siik maar ikk niit   maar
Er war krank, aber ich nicht.   *(aber)*

Ik ben iedere dag aan het strand geweest,   toen
toen ik in Nederland was.   tuun
ikk bänn iid^(e)r^(e) dach aan ^(e)t ßtrannt ~~ch^(e)~~weeßt   *(als)*
tuun ikk inn need^(e)rlannt waßß
Ich bin jeden Tag am Strand gewesen,
als ich in den Niederlanden war.

Ik vind het heerlijk als het niet regent.   als
ikk vinnt ^(e)t heerl^(e)k allß ^(e)t niit ree~~ch~~^(e)nt   allß
Ich finde es herrlich, wenn es nicht regnet.   *(wenn)*

Das Städtchen Edam und sein Käse

Sonstige kurze Wörter

Folgende häufig vorkommenden Wörter sollte man sich gut einprägen, da sie oft ganz unterschiedlich zum Deutschen sind.

Deutsch	Niederländisch	Aussprache
alle	**alle, al de, allemaal**	alle, all de, allemaal
jemand	**iemand**	iimannt
alles	**alles**	alleß
man	**men, ze, je**	männ, se, je
daran	**daaraan, eraan**	daaraan, ärraan
manche	**sommige**	ßommeche
darin	**daarin, erin**	daarinn, ärrinn
nichts	**niets, niks**	niitß, nikkß
dasselbe	**hetzelfde**	edsällvde
niemand	**niemand**	niimannt
derselbe	**dezelfde**	desällvde
selber	**zelf**	sällf
einige	**enkele, enige**	ännkele, eeneche
sogar	**zelfs**	sällfß
etwas	**iets, wat**	iitß, watt
solch ein(e)	**zo'n**	soon
irgendein	**een of andere**	een off anndere
verschiedene	**verschillende**	verßchillende
jede (-r, -s)	**elk, ieder**	ällk, iider
viele	**veel, vele**	veel, veele
jedermann	**iedereen**	iidereen
wenige	**weinige**	wäjneche

Man unterscheidet wie im Deutschen zwischen Ergänzungs- und Entscheidungsfragen.

Entscheidungsfragen

Entscheidungsfragen werden mit Hilfe von konkreten Fragewörtern gebildet. Die Antwort ist ein vollständiger Satz.

wie?	wii	wer?, wen?
wat?	watt	was?
welk(e)?	wällk(e)	welche?
hoe?	huu	wie?
waarom?	waaromm	warum?
wanneer?	wanneer	wann?
waar?	waar	wo?
waar vandaan?	waar vanndaan	woher?
waar naar toe?	waar naar tuu	wohin?
hoeveel / -vele?	huveel(e)	wie viel(e)?

Wie is dit?
wii ißß ditt
Wer ist das?

Dit is mijn vriendin.
ditt ißß mäjn vriindinn
Das ist meine Freundin.

Hier einige Beispiele für typische Fragesätze mit möglichen Antworten.

Hoe heet je / u?
huu heet je / ü(ü)
Wie heißt du / heißen Sie?

Ik heet O'Niel.
ikk heet ooniil
Ich heiße O'Niel.

Waar kom je / komt u vandaan?
waar komm je / kommt ü(ü) vanndaan
Wo kommst du / kommen Sie her?

Ik kom uit Duitsland.
ikk komm öüt döütßlannt
Ich komme aus Deutschland.

Waar wonen jullie?
waar woone(n) jölli(i)
Wo wohnt ihr?

We wonen in Amsterdam.
we woone(n) inn ammßterdamm
Wir wohnen in Amsterdam.

Wanneer ontmoeten we elkaar?
wanneer onntmu(u)te(n) we ällkaar
Wann treffen wir uns?

Om negen uur.
omm neeehen üür
Um neun Uhr.

Wat betekent „melk"?   **Dat is „Milch".**
watt beteekent mällk   datt ißß milch
Was bedeutet „melk"?   Das heißt „Milch".

Wenn man keine Antwort parat hat:

Ik weet het niet.
ikk weet et niit
Ich weiß nicht.

Entscheidungsfragen

Auf Entscheidungsfragen kann man praktisch nur mit ja *(ja)* oder nee *(nein)* antworten. Sie werden ohne Fragewörter gebildet und sind wie im Deutschen aufgebaut:

ja – nee	jaa – nee	ja – nein
niet – geen	niit – ~~g~~heen	nicht – kein

Ein Hauptwort verneint man mit geen *(kein), und einen Satz mit* niet *(nicht).*

Wil je ook een kopje?
will jᵉ ook ᵉn koppjᵉ
Willst du auch eine Tasse?

Ja, heel graag.
jaa heel ~~g~~hraach
Ja, ganz gerne.

Verkoopt u ook eieren?
vᵉrkoopt ü(ü) ook äjᵉrᵉ(n)
Verkaufen Sie auch Eier?

Eigenlijk niet.
äj~~eh~~ᵉnlᵉk niit
Eigentlich nicht.

Mag ik uw telefoon gebruiken?
mach ikk ü(ü)u teelᵉfoon ~~g~~hᵉbrööükᵉ(n)
Darf ich Ihr Telefon benutzen?

Natuurlijk.
nattüürlᵉk
Natürlich.

Je werkt morgen.
jᵉ wärrkt morr~~eh~~ᵉ(n)
Du arbeitest morgen.

Werk je morgen?
wärrk jᵉ morr~~eh~~ᵉ(n)
Arbeitest du morgen?

Wenn je / jij *(du) nach dem Verb steht, entfällt dessen Personenendung* -t.

Ik heb geen geld.
ikk häpp ~~gh~~een ~~gh~~ällt
Ich habe kein Geld.

Ik begrijp niet wat je wilt.
ikk bᵉchräjp niit watt jᵉ willt
Ich verstehe nicht, was du willst.

Zahlen

Die Zahlen klingen teilweise wie im Englischen.

1	**een**	een	11	**elf**	ällf
2	**twee**	twee	12	**twaalf**	twaalf
3	**drie**	drii	13	**dertien**	därrtiin
4	**vier**	viir	14	**veertien**	veertiin
5	**vijf**	väjf	15	**vijftien**	väjftiin
6	**zes**	säßß	16	**zestien**	säßßtiin
7	**zeven**	seev^(e)(n)	17	**zeventien**	seev^(e)ntiin
8	**acht**	acht	18	**achttien**	achtiin
9	**negen**	nee~~ch~~^(e)(n)	19	**negentien**	nee~~ch~~^(e)ntiin
10	**tien**	tiin	20	**twintig**	twinnt^(e)ch

21	**eenentwintig**	een^(e)ntwinnt^(e)ch
22	**tweeëntwintig**	twee^(e)ntwinnt^(e)ch
23	**drieëntwintig**	drii^(e)ntwinnt^(e)ch
24	**vierentwintig**	viir^(e)ntwinnt^(e)ch
30	**dertig**	därrt^(e)ch
40	**veertig**	veert^(e)ch
50	**vijftig**	väjft^(e)ch
60	**zestig**	säßßt^(e)ch
70	**zeventig**	seev^(e)nt^(e)ch
80	**tachtig**	tacht^(e)ch
90	**negentig**	nee~~ch~~^(e)nt^(e)ch

100	**honderd**	honnd^(e)rt
101	**honderdeen**	honnd^(e)rdeen
200	**tweehonderd**	tweehonnd^(e)rt
300	**driehonderd**	driihonnd^(e)rt

1000	**duizend**	döüsᵉnt
2000	**tweeduizend**	tweedöüsᵉnt
10000	**tienduizend**	tiindöüsᵉnt
1 Mio.	**een miljoen**	een milljuun

1/2	**een half**	een hallf
1/3	**een derde**	een därrdᵉ
1/4	**een kwart**	een kwarrt

negentieneenennegentig

neeᵉʰᵉntiin eenᵉneeᵉʰᵉntᵉch

1991

Ordnungszahlen

1.	**eerste**	eerßtᵉ
2.	**tweede**	tweedᵉ
3.	**derde**	därrdᵉ
4.	**vierde**	viirdᵉ
5.	**vijfde**	väjfdᵉ
6.	**zesde**	säsdᵉ
7.	**zevende**	seevᵉndᵉ
8.	**achtste**	achßtᵉ
9.	**negende**	neeᵉʰᵉndᵉ
10.	**tiende**	tiindᵉ
11.	**elfde**	ällvdᵉ
12.	**twaalfde**	twaalvdᵉ
13.	**dertiende**	därrtiindᵉ
20.	**twintigste**	twinntᵉchßtᵉ
30.	**dertigste**	därrtᵉchßtᵉ
100.	**honderdste**	honndᵉrtßtᵉ

Zeitangaben

Hier eine Zusammenstellung der wichtigsten Zeitangaben.

allgemeine Zeitangaben

's morgens	ßmorrehenß	am Morgen
's middags	ßmiddachß	vormittags
overdag	ooverdach	tagsüber
's avonds	ßaaventß	abends
's nachts	ßnachtß	nachts

eergisteren	eerehißtere(n)	vorgestern
gisteren	ehißtere(n)	gestern
vandaag	vanndaach	heute
morgen	morrehe(n)	morgen
overmorgen	oovermorrehe(n)	übermorgen

een week geleden een week eheleede(n)	vor einer Woche
deze week deese week	diese Woche
dagelijks daahelekß	täglich
binnen een week binne(n) een week	innerhalb einer Woche
over een maand oover een maant	in einem Monat
volgend jaar vollehent jaar	nächstes Jahr

Wochentage

maandag	maandach	Montag
dinsdag	dinnßdach	Dienstag
woensdag	wuunßdach	Mittwoch
donderdag	donnᵉrdach	Donnerstag
vrijdag	vräjdach	Freitag
zaterdag	saatᵉrdach	Samstag
zondag	sonndach	Sonntag
feestdag	feeßtdach	Feiertag

Monate

januari	janü(ü)aari(i)	Januar
februari	fe(e)brü(ü)aari(i)	Februar
maart	maart	März
april	apprill	April
mei	mäj	Mai
juni	jüüni(i)	Juni
juli	jüüli(i)	Juli
augustus	auehößßtößß	August
september	ßäpptämmbᵉr	September
oktober	okktoobᵉr	Oktober
november	no(ò)vämmbᵉr	November
december	de(e)ßämmbᵉr	Dezember

Jahreszeiten

voorjaar, lente	voorjaar, lännteᵉ	Frühling
zomer	soomᵉr	Sommer
herfst, najaar	härrfßt, naajaar	Herbst
winter	winntᵉr	Winter

Der niederländische Nationalfeiertag liegt erst seit 2014 auf dem 27. April, bedingt durch den Thronantritt des neuen Königs Willem Alexander. Zuvor wurde er am 30. April begangen und hieß koninginnendag koon~~e~~hinn^e(n)dach „Königinnentag". Dies war aber nicht der Geburtstag von Königin Beatrix, sondern der ihrer Mutter und Vorgängerin, Königin Juliana.

Feiertage

koningsdag	Geburtstag des
kooningsdach	Königs (27. April)
bevrijdingsdag	Befreiungstag (5. Mai)
b^evräjdingßdach	

Außerdem wie bei uns:

nieuwjaarsdag	Neujahr
niiujaarßdach	
Pasen	Ostern
paaße(n)	
Hemelvaartsdag	Christi Himmelfahrt
heem^elvaartßtdach	
Pinksteren	Pfingsten
pinkßt^er^e(n)	
Kerstmis	Weihnachten
kärrßtmißß	

Diese Feiertage gelten für die Niederlande. In Belgien gibt es noch andere gesetzliche Feiertage.

© Elena Belyaeva@AdobeStock

Wo Rembrandt & Co. zu Hause sind: Amsterdams Rijksmuseum

Uhrzeit

Nach der Uhrzeit fragt man wie folgt:

Hoe laat is het?
huu laat ißß ᵉt
Wie spät ist es?

Het is te laat / vroeg.
ᵉt ißß tᵉ laat / vruuch
Es ist zu spät / früh.

Het is vijf uur.
ᵉt ißß väjf üür
Es ist fünf Uhr.

Het is tien over vijf.
ᵉt ißß tiin oovᵉr väjf
Es ist zehn nach fünf.

Het is kwart over / voor vijf.
ᵉt ißß kwarrt oovᵉr / voor väjf
Es ist Viertel nach / vor fünf.

Het is half vijf.
ᵉt ißß hallf väjf
Es ist halb fünf.

Het is vijf voor zes.
ᵉt ißß väjf voor säßß
Es ist fünf vor sechs.

Hoe laat?
huu laat
Um wie viel Uhr?

Wanneer?
wanneer
Wann?

Om drie uur.
omm drii üür
Um drei Uhr.

Van twee tot drie.
vann twee tott drii
Von zwei bis drei.

Tussen acht en negen uur.
tößßᵉ(n) acht änn neeᵉhᵉn üür
Zwischen acht und neun Uhr.

Over twee uur.
oov^er twee üür
In zwei Stunden.

vijf minuten geleden
väjf mi(i)nüüt^e(n) ~~eh~~^eleed^e(n)
vor fünf Minuten

om het half uur
omm ^et hallf üür
alle halbe Stunde

ieder uur / elk uur
iid^er üür / ällk üür
jede Stunde

over een uur
oov^er een üür
in einer Stunde

Sinds wanneer?
ßinntß wanneer
Seit wann?

Sinds een half uur.
ßinntß een hallf üür
Seit einer halben Stunde.

Sinds zes uur.
ßinntß säßß üür
Seit sechs Uhr.

Sinds drie dagen.
ßinntß drii daa~~eh~~^e(n)
Seit drei Tagen.

Hoe lang?
huu lang
Wie lange?

Vier uur lang.
viir üür lang
Vier Stunden lang.

© rob3rt82@AdobeStock

■Hollands Antwort auf den Spreewald: Giethoorn im Nordosten des Landes

Alltag in den Niederlanden

Das Leben einer niederländischen Familie auf dem Land spielt sich viel im Haus ab. Natürlich muss das nicht immer so sein. Aber das oft trübe, regnerische Wetter lädt nicht dazu ein, sich viel draußen aufzuhalten. Auch sonst gehen viele Niederländer nicht sehr oft aus. Wenn Freunde oder Bekannte eingeladen werden, dann eher nach Hause als in eine Gaststätte.

Ist man nachmittags zum Tee eingeladen, dann wird meist kein großer Aufstand daraus gemacht. Es gibt vielleicht ein paar Plätzchen, aber im Allgemeinen ist es üblich, nach spätestens einer Stunde wieder zu gehen. Genauso ist es morgens beim Kaffeetrinken. Unter guten Freunden, bei Geburtstagen oder ähnlichen Gelegenheiten sitzt man allerdings wie bei uns auch länger zusammen.

In der Großstadt sieht es anders aus. Hier gibt es viele Cafés, Jugendzentren, Musikhallen, Clubs und Tanzschuppen, wo man sich zwanglos trifft.

Neben den vielen modernen und liberalen Niederländern gibt es auch eine ziemlich große Gruppe von strenggläubigen Calvinisten. Diese leben hauptsächlich in einem ländlich geprägten „Bibelgürtel" in der Mitte des Landes. Hier wird der Sonntag noch geheiligt, und Freizeitvergnügen (einschließlich Fernsehen!) gelten oft als Sünde.

Anrede

Die Anrede älteren Leuten gegenüber ist 🎵 mevrouw mevrau *(meine Dame)* oder 🎵 meneer meneer *(mein Herr)*. Sonst werden diese Anredeformen kaum noch gebraucht.

Die höflichliche Anrede im Niederländischen lautet u ü(ü) (wird offiziell nur noch in der Bibel groß geschrieben) und gilt für eine oder mehrere Personen. Dem deutschen „du" und „ihr" entsprechen je je und jullie jölli(i). Im Allgemeinen werden Leute geduzt, die man auch im Deutschen duzen würde, z. B. Kinder, Freunde, Bekannte oder Kollegen. Je nachdem, in welchem Personenkreis man sich befindet, kann ein zu schnelles vertrautes „du" auch als unpassend empfunden werden.

Wie schon unter „Fragesätze" erwähnt, entfällt die Personenendung -t, wenn je je oder jij jäj nach dem Verb steht. Wenn man also in einem Satz „du" durch „Sie" austauschen möchte, muss in Fragen und Aufforderungen noch die Verb-Endung -t hinzugefügt werden.

Zum Beispiel:

🎵 **Wat zeg je?**
watt säch je
Was sagst du?

🎵 **Wat zegt u?**
watt sächt ü(ü)
Was sagen Sie?

🎵 **Spreek je Duits?**
ßpreek je döütß
Sprichst du Deutsch?

🎵 **Spreekt u Duits?**
ßpreekt ü(ü) döütß
Sprechen Sie Deutsch?

🔊 **Kijk eens!**
käjk eenß
Schau mal!

🔊 **Kijkt u eens!**
käjkt ü(ü) eenß
Schauen Sie mal!

🔊 **Blijf maar!**
bläjf maar
Bleib nur!

🔊 **Blijft u maar!**
bläjft ü(ü) maar
Bleiben Sie nur!

Hier ist eine Liste der wichtigsten Wörter, die man austauschen muss, unter anderem auch einige Hilfsverben:

	du	Sie
du / Sie	**je, jij** jᵉ, jäj	**u** ü(ü)
dein / Ihr	**jouw** jau	**uw** ü(ü)u
bitte	**alsjeblieft** aßßjᵉbliift	**alstublieft** aßßtübliift
danke	**dank je** dank jᵉ	**dank u** dank ü(ü)
kannst du / Sie?	**kan je?** kann jᵉ	**kunt u?** könnt ü(ü)
wirst du / Sie?	**zal je?** sall jᵉ	**zult u?** söllt ü(ü)

Begrüßen & Verabschieden

Hier sind die wichtigsten Begrüßungs- und Verabschiedungsfloskeln zusammengefasst.

Begrüßung	
Goedemorgen! ~~eh~~u(u)j^emorr~~eh~~^e(n)	Guten Morgen!
🔊 **Goedendag!** ~~eh~~u(u)j^endach	Guten Tag!
🔊 **Goedemiddag!** ~~eh~~u(u)j^emiddach	Guten (Mit-)Tag!
Goedenavond! ~~eh~~u(u)j^enaav^ent	Guten Abend!
🔊 **Goedenacht!** ~~eh~~u(u)j^enacht	Gute Nacht!

Goede middag!
sagt man zur
Begrüßung um die
Mittagszeit und am
Nachmittag.

Mit einem Smartphone
können Sie sich die mit
einem 🔊 gekennzeichne-
ten Sätze dieses Kapitels
anhören. Scannen Sie ein-
fach den QR-Code mit Hilfe
einer kostenlosen App (z. B.
„Barcoo" oder „Scanlife").

Es gibt einen Ausdruck, der sowohl zur Begrüßung als auch zum Abschied benutzt wird: Dag! dach. Das heißt eigentlich „Tag", bedeutet aber „Hallo" und auch „Tschüss".

🔊 **Hoe is het met je?**
huu ißß ^et mätt j^e
wie ist es mit dir
Wie geht es dir?

Hoe gaat het?
huu ~~eh~~aat ^et
Wie geht's?

🔊 **Dank je wel.**
dank j^e wäll
Danke gut.

🔊 **En met jou?**
änn mätt jau
Und dir?

⚲ Hoe was het vandaag?   **⚲ Niets bijzonders.**
huu waßß ᵉt vanndaach   niitß bi(i)sonndᵉrß
Wie war es heute?   Nichts besonderes.

⚲ Alles goed?
alleᵉß ~~ch~~u(u)t
alles gut
Alles in Ordnung?

Abschied

Dag dach kann eben auch zum Abschied gesagt werden. Andere Möglichkeiten sind:

⚲ Ik moet nu helaas weggaan.   **Doei!**
ikk mu(u)t nü(ü) he(e)laaß wä~~chch~~aan duuj
Ich muss jetzt leider gehen.   Tschüss!

⚲ Groet ... van mij!   **⚲ Goede reis!**
~~ch~~ru(u)t ... vann mäj   ~~ch~~u(u)jᵉ räjß
Grüß ... von mir!   Gute Reise!

Tot ziens   **⚲ Tot gauw!**
tott ßiinß   tott ~~ch~~au
Auf Wiedersehen!   Bis bald!

Welterusten!   **⚲ Tot morgen!**
wälltᵉrößßtᵉ(n)   tott morr~~ch~~ᵒ(n)
Gute Nacht!   Bis morgen!

Welterusten! ist zusammengezogen aus dem Ausdruck wel te rusten, was wörtlich „gut auszuruhen" bedeutet.

Bitte & Danke

Bei „danke" und „bitte" wird im Niederländischen ein Unterschied gemacht, je nachdem, ob man die angesprochene Person duzt oder siezt.

„du"	**Dank je wel.**	**Alsjeblieft.**
	dank jᵉ wäll	aßßjᵉbliift
„Sie"	**Dank u wel.**	**Alstublieft.**
	dank ü wäll	aßßtübliift

Dank je / u wel heißt wörtlich „dank dir / Ihnen gut"; das wel kann dabei auch entfallen.

Alstublieft ist zusammengezogen aus als het u belieft, was so viel wie „wenn es Ihnen beliebt" bedeutet. Es handelt sich um eine wörtliche Übertragung des Französischen „s'il vous plaît".

Geen dank!
~~eh~~een dank
kein Dank
Keine Ursache!

Graag gedaan!
~~eh~~raach ~~eh~~ᵉdaan
gern getan
Gern geschehen!

Hartelijk dank!
harrtᵉlᵉk dank
herzlichen Dank
Vielen Dank!

Floskeln & Redewendungen

Einige Floskeln sollte man einfach parat haben, hier eine Auswahl der wichtigsten:

🔊 **Neemt u mij niet kwalijk.**
neemt ü(ü) mäj niit kwaal^ek
nehmen Sie mir nicht übel
Entschuldigung!

🔊 **Pardon!**
parrdonn

Entschuldigung!

Mit einem Smartphone kön-
nen Sie sich die mit einem
🔊 gekennzeichneten Sätze
dieses Kapitels anhören.

🔊 **Dat spijt me.**
datt ßpäjt m^e
Das tut mir Leid.

🔊 **Het was niet zo bedoeld.**
^et waßß niit soo b^edu(u)lt
Es war nicht so gemeint.

🔊 **Het beste!**
^et bäßßt^e
das beste
Alles Gute!

Hartelijk gefeliciteerd!
harrt^el^ek ~~ch~~^efe(e)li(i)ßi(i)teert
herzlich gratuliert
Herzlichen Glückwunsch!

🔊 **Beterschap!**
beet^erschapp
Besserung
Gute Besserung!

🔊 **Eet smakelijk!**
eet ßmaak^el^ek
iss schmackhaft
Guten Appetit!

Das Wörtchen er *ärr*
hat in der Regel keine
konkrete Bedeutung,
sondern ist mit dem
deutschen „da" in
„Was ist da los?" ver-
gleichbar. Es wird aber
weit häufiger als im
Deutschen verwendet
und ist in gewissen
Satzarten grammati-
kalisch erforderlich.

Help!
hällp
Hilfe!

🔊 **Kom binnen!**
komm binn^e(n)
Komm herein!

🔊 **Is er wat?**
ißß ärr watt
Ist was?

🔊 **Wat is er?**
watt ißß ärr
Was ist los?

Floskeln & Redewendungen

Hoor wird in kurzen Antworten als reines Füllwort gebraucht.

Ja hoor.
jaa hoor
Ja.

Nee hoor.
nee hoor
Nein.

Goed hoor.
~~ghu~~(u)t hoor
Gut.

🗩 **Moet je kijken!**
mu(u)t je käjke(n)
musst du schauen
Kannst du mal sehen!

🗩 **Wat'n weertje!**
wattn weertche
was-ein Wetterchen
Was für ein Wetter!

🗩 **Wat kan mij dat schelen?**
watt kann mäj datt ßcheele(n)
was kann mich das scheren
Was geht mich das an?

🗩 **Nou, en?**
nau änn

Na und?

Als ik jou / u was …
allß ikk jau / ü(ü) waßß
Wenn ich du / Sie wäre …

Krabbenkutter

Nichts verstanden? – Weiterlernen!

Falls die Verständigung mal nicht hundert-
prozentig klappen sollte, hier einige nützliche
Sätze:

◈ Wat zeg je / zegt u?
watt säch jᵉ / sächt ü(ü)
was sagst du / sagt Sie
Wie bitte?

Ik versta het niet.   **◈ Ik begrijp je niet.**
ikk vᵉrßta ᵉt niit   ikk bᵉchräjp jᵉ niit
Ich verstehe es nicht.   Ich verstehe dich nicht.

◈ Wil je dat alsjeblieft herhalen?
will jᵉ datt aßßjᵉbliift hᵉrhaalᵉ(n)
willst du es bitte wiederholen
Würdest du das bitte wiederholen?

◈ Spreek je Nederlands / Duits / Engels / Frans?
ßpreek jᵉ needᵉrlanntß / döütß / ängᵉlß / frannß
Sprichst du Niederländisch / Deutsch /
Englisch / Französisch?

◈ Wat betekent dat?
watt bᵉteekᵉnt datt
Was bedeutet das?

◈ Hoe spreek je dit woord uit?
huu ßpreek jᵉ ditt woort öüt
Wie spricht man dieses Wort aus?

Wil je iets langzamer spreken!

will je iitß langsaam^er ßpreek^e(n)

willst du etwas langsamer sprechen

Würdest du etwas langsamer sprechen!

Wat is ... in het Nederlands?

watt ißß ... inn ^et need^erlanntß

was ist ... in dem Niederländischen

Wie heißt ... in Niederländisch?

Man könnte zum Beispiel fragen: Wat is „Mantel" in het Nederlands?, und falls der Gesprächspartner das deutsche Wort versteht, wird er antworten: jas jaßß.

Man könnte auch auf einen Gegenstand zeigen und sagen: Wat is dat in het Nederlands? So kann man sich viele Wörter durch Fragen aneignen.

© Iuliia@AdobeStock

Strand von Zandvoort

Sich kennenlernen

Wenn man sich kennenlernt, werden immer die gleichen Fragen gestellt.

♪ Hoe heet je?
huu heet je
Wie heißt du?

♪ Hoe heet u?
huu heet ü(ü)
Wie heißen Sie?

♪ Mijn naam is ...
mäjn naam ißß
Mein Name ist ...

♪ Ik heet ...
ikk heet
Ich heiße ...

♪ Dat is mijn ...
datt ißß mäjn
Das ist mein(e) ...

Mit einem Smartphone können Sie sich die mit einem ♪ gekennzeichneten Sätze dieses Kapitels anhören.

man	mann	Mann
vrouw	vrau	Frau
vriend	vriint	Freund
vriendin	vriindinn	Freundin
zoon	soon	Sohn
dochter	dochter	Tochter
verloofde	verloofde	Verlobte(r)

♪ Waar kom je vandaan?
waar komm je vanndaan
Wo kommst du her?

♪ Ik kom uit Duitsland / Zwitserland / Oostenrijk.
ikk komm öüt döütßlannt / swittßerlannt / oostenräjk
Ich komme aus Deutschland / der Schweiz / Österreich.

Ben je alleen?
bänn je alleen
Bist du allein?

Bent u alleen?
bännt ü(ü) alleen
Sind Sie alleine?

Wenn man einen vorübergehenden Aufenthaltsort (z. B. Hotel) meint, benutzt man das Wort logeren lo(o)sheere(n), bei einem festen Wohnsitz wonen woone(n):

Waar logeer je / logeert u?
waar lo(o)sheer je / lo(o)sheert ü(ü)
Wo wohnst du / wohnen Sie?

Ik logeer in Hotel Windmolen.
ikk lo(o)sheer inn ho(o)täll winntmoole(n)
Ich wohne im Hotel „Windmühle".

Waar woon je / woont u?
waar woon je / woont ü(ü)
Wo wohnst du / wohnen Sie?

Ik woon in Utrecht.
ikk woon inn ütträcht
Ich wohne in Utrecht.

Ik ben hier voor de eerste keer.
ikk bänn hiir voor de eerßte keer
Ich bin hier zum ersten Mal.

Hoe oud ben je / bent u?
huu aut bänn je / bännt ü (ü)
Wie alt bist du / sind Sie?

Ik ben vijfentwintig.
ikk bänn väjfentwinntech
Ich bin 25.

Berufe

🔸 **Wat ben je / bent u van beroep?**
wat bänn jᵉ / bännt ü(ü) vann bᵉru(u)p
Was bist du / sind Sie von Beruf?

🔸 **Ik ben student.**
ikk bänn ßtü(ü)dännt
Ich bin Student.

🔸 **Waar studeer je?**
waar ßtü(ü)deer jᵉ
Wo studierst du?

🔸 **Wat studeer je?**
watt ßtü(ü)deer jᵉ
Was studierst du?

🔸 **Ik studeer medicijnen in Essen.**
ikk ßtü(ü)deer me(e)di(i)ßäjnᵉ(n) inn äßßᵉn
Ich studiere Medizin in Essen.

🔸 **Ik zit nog op school.**
ikk sitt noch opp ßchool
ich sitze noch auf Schule
Ich gehe noch zur Schule.

🔸 **Ik werk bij ...**
ikk wärrk bäj ...
Ich arbeite bei ...

bediende	bᵉdiindᵉ	*Angestellte*
advocaat	addvo(o)kaat	*Anwalt*
arts / dokter	arrtß / dokktᵉr	*Arzt*
bakker	bakkᵉr	*Bäcker*
ambtenaar	ammtᵉnaar	*Beamter*
mijnwerker	mäjnwärrkᵉr	*Bergmann*
bedrijfseconomie	bᵉdräjfßc(o)kono(o)mii	*BWL*
boekhouder	bu(u)khaudᵉr	*Buchhalter*
scheikunde	ßchäjkönndᵉ	*Chemie*
tolk	tollk	*Dolmetscher*
electricien	e(e)läktri(i)sjäⁿg	*Elektriker*
geschoolde arbeider	ᵍhᵉßchooldᵉ arrbäjdᵉr	*Facharbeiter*

Sich kennenlernen

Friseur	**kapper**	kapp^er
Gärtner	**tuinman**	töünmann
Geographie	**aardrijkskunde**	aardräjkßkönnd^e
Geschichte	**geschiedenis**	~~ch~~^eßchiid^enißß
Handwerker	**werkman**	wärrkmann
Hausfrau	**huisvrouw**	höüßvrau
Jura	**rechten**	rächt^e(n)
Kellnerin	**serveerster**	ßärveerßt^er
Kindergärtnerin	**kleuterleidster**	klööt^rrläjtßt^rr
Koch	**kok**	kokk
Konditor	**banketbakker**	bangkättbakk^er
Krankenschwester	**verpleegster**	v^erpleechßt^er
Künstler	**kunstenaar**	könnßt^enaar
Landwirt	**boer**	buur
Lehrerin	**lerares**	leeraaräßß
Maler	**schilder**	ßchilld^er
Mathematik	**wiskunde**	wißßkönnd^e
Maurer	**metselaar**	mättß^elaar
Monteur	**monteur**	monntöör
Metzger	**slager**	ßlaa~~ch~~^er
Pastor	**predikant / pastoor**	pre(e)di(i)kannt / paßtoor
Physik	**natuurkunde**	nattüürkönnd^e
Rentner	**rentenier**	rännt^eniir
Näherin	**naaister**	naajßt^er
Techniker	**technicus**	tächnikößß

Freizeit

In der Freizeit kann man gute Kontakte bekommen und die Sprache dabei etwas üben.

⟋ Aan welke sport doe je?
aan wällk^e ßporrt du(u) j^e
an welcher Sport tust du
Welchen Sport treibst du?

Waar kan je … ?   **⟋ Ik speel …**
waar kann j^e   ikk ßpeel
Wo kann man … ?   Ich spiele …

vissen	vißß^e(n)	angeln
schaatsen	ßchaatß^e(n)	eislaufen
voetbal	vu(u)dball	Fußball
badminton	bäddminnt^en	Federball
handbal	hanndball	Handball
kegelen	keeeh^el^e(n)	kegeln
fietsen	fiitß^e(n)	Rad fahren
paard rijden	paart räjd^e(n)	reiten
roeien	ru(u)j^e(n)	rudern
schaken	ßchaak^o(n)	Schach spielen
zwemmen	swämm^e(n)	schwimmen
zeilen	säjl^e(n)	segeln
dulken	döïk^e(n)	tauchen
tafeltennis	taaf^eltännißß	Tischtennis

Golf chollf, hockey hokki(i), minigolf mi(i)ni(i)chollf, tennis tännißß, sauna ßauna(a), surfen ßörrf^e(n), turnen törrn^e(n) und volleyball volli(i)ball heißen wie im Deutschen.

♪ Gaan we naar de bioscoop?
~~ch~~aan w^e naar d^e bi(i)oßßkoop
Gehen wir ins Kino?

Im Allgemeinen laufen die Filme im bioscoop *(Kino)* im Originalton, d. h. in den meisten Fällen in englischer Sprache. Zusätzlich sind dann niederländische Untertitel zu sehen. In Belgien laufen die Filme mit niederländischen und gleichzeitig auch französischen Untertiteln.

Allerdings hat der anhaltende Druck aus den Nachbarländern dazu geführt, dass viele coffeeshops *geschlossen wurden, nur noch clubähnlich für registrierte (und somit zwangsläufig in Holland wohnhafte) Mitglieder operieren oder von außen gar nicht mehr als solche zu erkennen sind. Allerdings gibt es in Holland immer einen Weg, die Registrierungsvorschriften zu umgehen.*

Marihuana und Haschisch werden als „weiche Drogen" in den Niederlanden offiziell toleriert (rechtlich bleiben sie allerdings illegal). Aus dieser Grauzone ergibt es sich, dass in den sogenannten coffeeshops koffi(i)schoppß neben Kaffee auch die verschiedenen Dope-Arten angeboten werden. Wundern Sie sich nicht, wenn der Bedienende dort fragt, ob Sie Interesse am weiteren Angebot des Coffeeshops haben.

♪ Mag ik naast je komen zitten?
mach ikk naaßt j^e koom^e(n) sitt^e(n)
darf ich neben dir kommen sitzen
Kann ich mich zu dir setzen?

♪ Zullen we samen iets drinken?
söll^e(n) w^e ßaam^e(n) iitß drink^e(n)
sollen wir zusammen etwas trinken
Trinken wir etwas zusammen?

🎵 **Mag ik je uitnodigen?**
mach ikk j^e öütnood~~eöh~~^e(n)
Darf ich dich einladen?

🎵 **Mag ik je op een etentje trakteren?**
mach ikk j^e opp ^en eet^entch^e trakkteer^e(n)
darf ich dich auf ein Essen-chen einladen
Darf ich dich zum Essen einladen?

🎵 **Zullen we gaan dansen?**
söll^e(n) w^e ~~ch~~aan dannß^e(n)
sollen wir gehen tanzen
Wollen wir tanzen gehen?

🎵 **Mag ik je naar huis brengen?**
mach ikk j^e naar hööß bräng^e(n)
Darf ich dich nach Hause bringen?

🎵 **Wanneer zien we elkaar weer?**
wanneer siin w^e ällkaar weer
Wann sehen wir uns wieder?

■ Hier gibt's Dope!

Das erste Gespräch

Mit den Redewendungen der vorigen Seiten kann man schon ein kleines Gespräch führen. Vielleicht so eines:

Goedemiddag!
chu(u)je middach
Guten Mittag! *(wird nachmittags gesagt)*

🎵 Dag!
dach
Tag!

🎵 Hoe is 't met je?
huu ißßt mätt je
Wie geht's dir?

🎵 Goed, hoor.
chu(u)t hoor
Gut.

Hoor ist ein Füllwort ohne tiefere Bedeutung.

🎵 Hoe heet je?
huu heet je
Wie heißt du?

🎵 O'Niel, en jij?
oniil änn jäj
O'Niel, und du?

Nelli.
nälli(i)
Nelli.

Waar kom je vandaan?
waar komm je vanndaan
Wo kommst du her?

Ik kom uit Essen.
ikk komm öüt äßßen
Ich komme aus Essen.

Uit Duitsland!
öüt döütßlannt
Aus Deutschland!

🎵 En je spreekt Nederlands?!
änn je ßpreekt neederlanntß
Und du sprichst Niederländisch?!

Wil je alsjeblieft iets langzamer spreken?
will j^e aßßj^ebliift iitß langsaam^er ßspreek^e(n)
willst du bitte etwas langsamer sprechen
Könntest du bitte etwas langsamer sprechen?

🔊 Ja, natuurlijk.
jaa nattüürl^ek
Ja, natürlich.

Wat ben je van beroep?
watt bänn j^e vann b^eru(u)p
Was bist du von Beruf?

Ik werk bij ...
ikk wärrk bäj ...
Ich arbeite bei ...

🔊 Heb je kinderen?
häpp j^e kinnd^er^e(n)
Hast du Kinder?

🔊 Ja, een zoon.
jaa een soon
Ja, einen Sohn.

🔊 Heerlijk weer vandaag!
heerl^ek weer vanndaach
Schönes Wetter heute!

Ja, heerlijk.
jaa heerl^ek
Ja, schön.

🔊 Ik moet nu naar huis.
ikk mu(u)t nü(ü) naar höüß
Ich muss jetzt nach Hause.

🔊 Tot gauw!
tott ~~cha~~u
Bis bald!

■Amsterdams Rotlichtviertel

© matousekfoto/AdobeStock

Unterwegs

Unterwegs

An allen touristischen Orten wird Ihnen die Abkürzung VVV **veeveevee** begegnen. Diess steht für Vereniging voor Vreemdelingenverkeer v^ereen^eching voor vreemd^eling^e(n)v^erkeer „Fremdenverkehrsamt" und bedeutet wörtlich „Vereinigung für Fremdenverkehr".

🔊 **Waar is het VVV-kantoor?**
waar ißß ^et veeveevee kanntoor
Wo ist die Touristeninformation?

🔊 **Ik had graag een plattegrond van de stad.**
ikk hatt chraach ^en platt^echronnt vann d^e ßtatt
ich hätte gern einen Plan von der Stadt
Ich möchte einen Stadtplan haben.

🔊 **Kan men rondritten door de stad maken?**
kann männ ronntritt^e(n) door d^e ßtatt maak^e(n)
kann man Rundfahrten durch die Stadt machen
Gibt es Stadtrundfahrten?

🔊 **Hoeveel kost de rondrit?**
huveel koßßt d^e ronntritt
Etwas höflicher als Wie viel kostet die Rundfahrt?
waar is ist *diese*
Formulierung: **Kan je / Kunt u me zeggen, hoe ik naar ... ga?**
kann j^e / könnt ü(ü) m^e säch^e(n) huu ikk naar ... chaa
kannst du / könnt Sie mir sagen wie ich nach ... gehe
Kannst du / Können Sie mir sagen, wie ich nach ... komme?

🗩 **Wat is de kortste weg naar … ?**
watt ißß dᵉ korrtßtᵉ wäch naar
Was ist der kürzeste Weg nach … ?

Hier die wichtigsten Richtungshinweise, die man verstehen sollte.

Ga …	**Gaat u …**	**Rijd …**	**Rijdt u …**
~~ch~~aa	~~ch~~aat ü(ü)	räjt	räjt ü(ü)
Geh …	Gehen Sie …	Fahr …	Fahren Sie …

rechtdoor rächtdoor	geradeaus
naar rechts naar rächtß	nach rechts
naar links naar linkß	nach links
terug tᵉröch	zurück
over de straat oovᵉr dᵉ ßtraat	über die Straße
over het plein oovᵉr ᵉt pläjn	über den Platz
over de brug oovᵉr dᵉ bröch	über die Brücke

🗩 **Is het ver naar … ?**
ißß ᵉt värr naar
Ist es weit nach … ?

🗩 **Het is niet ver.**
ᵉt ißß niit värr
Es ist nicht weit.

🗩 **Het is erg dichtbij.**
ᵉt ißß ärrch dichtbäj
Es ist sehr nahe.

🎵 **Kan je / Kunt u mij de straat op de kaart aanwijzen?**
kann je / könnt ü(ü) mäj de ßtraat opp de kaart aanwäjse(n)
Kannst du / Können Sie mir die Straße auf der Karte zeigen?

Vorsicht beim Abstellen: Nur dickste Ketten vorne und hinten schützen vor Diebstahl. Fahrradfahren (fietsen fiitße(n)) ist bequem auf den Fahrradwegen möglich und billiger als die horrenden Parkgebühren für das Auto. Wenn man kein Rad mitnehmen kann oder will – es gibt überall auch Fahrradverleiher.

🎵 **Ik zoek de vlooienmarkt.**
ikk su(u)k de vlooje(n)marrkt
Ich suche den Flohmarkt.

🎵 **Waar is de dichtstbijzijnde halte?**
waar ißß de dichtbäjsäjnde hallte
Wo ist die nächste Haltestelle?

🎵 **Hoe kom ik bij de / het ... ?**
huu komm ikk bäj de / et
Wie komme ich zur / zum ... ?

ambassade	ammbaßßaade	Botschaft
binnenstad	binne(n)ßtatt	Zentrum
bioscoop	bi(i)oßßkoop	Kino
bloemenmarkt	blu(u)me(n)marrkt	Blumenmarkt
bollenveld *(n)*	bolle(n)vällt	Tulpenfeld
botanische	bottaani(i)ße	Botanischer
tuin	töün	Garten
bron	bronn	Brunnen

brug	bröch	Brücke
consulaat *(n)*	konnsölaat	Konsulat
expositie	äkkßposiizi(i)	Ausstellung
gebouw *(n)*	ᵍhᵉbau	Gebäude
gracht	ᵍhracht	Graben
halte	hallte	Haltestelle
haven	haavᵉ(n)	Hafen
kasteel *(n)*	kaßßteel	Schloss
kerk	kärrk	Kirche
kerkhof *(n)*	kärrkhoff	Friedhof
laan	laan	Allee
markt	marrkt	Markt
monument *(n)*	mo(o)nümännt	Denkmal
museum *(n)*	mü(ü)ßeeöm	Museum
metro	me(e)tro(o)	U-Bahn
plein *(n)*	pläjn	Platz
postkantoor *(n)*	poßßtkanntoor	Postamt
raadhuis *(n)*	raathöüß	Rathaus
school	ßchool	Schule
schouwburg	ßchaubörrch	Theater
stadhuis *(n)*	ßtatthöüß	Rathaus
station *(n)*	ßtaschonn	Bahnhof
steeg	ßteech	Gasse
straat	ßtraat	Straße
tentoon- **stelling**	tᵉntoon- ßtälling	Ausstellung
vlooienmarkt	vloojᵉ(n)marrkt	Flohmarkt
wijk	wäjk	Stadtteil
windmolen	winntmoolᵉ(n)	Windmühle
winkel, **zaak**	winkᵉl, saak	Geschäft
ziekenhuis *(n)*	siikᵉ(n)höüß	Krankenhaus

Unterwegs

Zum Aussteigen muss man rechtzeitig den Halteknopf drücken.

An manchen Bushaltestellen kann es passieren, dass der Bus weiterfährt, ohne zu halten; sie werden op verzoek genannt, und das bedeutet, dass man dem Fahrer ein Zeichen geben muss, um mitgenommen zu werden.

Waar is de volgende halte?
waar ißß de volleⁱhendе hallte
Wo ist die nächste Haltestelle?

halte	Haltestelle
hallte	
bushalte	Bushaltestelle
bößßhallte	
tramhalte	Straßenbahnhaltestelle
trammhallte	
metrostation	U-Bahnstation
me(e)tro(o)ßtaschonn	

U-Bahnen gibt es in Amsterdam, Rotterdam sowie in Brüssel.

🔊 **Een kaartje naar … , alstublieft.**
en kaartchе naar … aßßtübliift
Eine Fahrkarte nach … , bitte.

🔊 **Gaat er een bus naar Maastricht?**
chaat ärr en bößß naar maaßtricht
geht es ein Bus nach Maastricht
Gibt es einen Bus nach Maastricht?

🔊 **Waar stopt de bus voor Arnhem?**
waar ßtoppt de bößß voor arrnämm
wo stoppt der Bus für Arnheim
Wo hält der Bus nach Arnheim?

Rijdt deze bus naar Zevenaar?
räjt dees^e bößß naar seev^enaar
Fährt dieser Bus nach Zevenaar?

Hoe lang doet de bus erover naar Apeldoorn?
huu lang du(u)t d^e bößß ärroov^er naar aap^eldoorn
wie lang tut der Bus darüber nach Apeldoorn
Wie lange fährt der Bus nach Apeldoorn?

Drie uur.	**Tussen een en twee uur.**
drii üür	tößß^e(n) een en twee üür
Drei Stunden.	Zwischen 1 und 2 Stunden.

Welke tram rijdt naar het centrum?
wällk^e tramm räjt naar ^et ßänntrömm
Welche Straßenbahn fährt ins Zentrum?

Welke lijn gaat naar … ?
wällk^e läjn ~~ch~~aat naar …
Welche Linie geht nach … ?

auf dem Wasser

Vaart er een veerboot naar … ?
vaart ärr ^en veerboot naar …
fährt da ein Fährboot nach
Gibt es eine Fähre nach … ?

Vaart dit schip naar … ?
vaart ditt ßchipp naar …
Fährt dieses Schiff nach … ?

Ik voel me misselijk.
ikk vu(u)l me mißßelek
ich fühle mich schlecht
Mir ist schlecht.

mit der Eisenbahn

🔊 **Een retourtje naar Amsterdam, alstublieft.**
en retuurtche naar ammßterdamm aßßtübliift
Eine Rückfahrkarte nach Amsterdam, bitte.

Een enkele reis naar Utrecht, alstublieft.
en änkele räjß naar ütträcht aßßtübliift
Eine einfache Fahrt nach Utrecht, bitte.

🔊 **Is er een reductie voor studenten?**
ißß ärr en redökkßi(i) voor ßtü(ü)dännte(n)
Gibt es eine Ermäßigung für Studenten?

🔊 **Hoeveel kost dat?**
huveel koßßt datt
Wie viel kostet das?

🔊 **Wanneer komt de trein in Rotterdam aan?**
wanneer kommt de träjn inn rotterdamm aan
Wann kommt der Zug in Rotterdam an?

Om acht uur.
omm acht üür
Um acht Uhr.

Over twee uur.
oover twee üür
In zwei Stunden.

🔊 **Tegen negen uur.**
teeeh(n) neeehen üür
Gegen neun Uhr.

🎵 **(Waar) moet ik overstappen?** **Ja, in Leiden.**
(waar) mu(u)t ikk oov^erßtapp^e(n)   jaa inn läjd^e(n)
(Wo) muss ich umsteigen?   Ja, in Leiden.

🎵 **Is deze plaats nog vrij?**
ißß deez^e plaatß noch vräj
Ist dieser Platz noch frei?

im Auto

Für Autofahrer gelten folgende Höchstgeschwindigkeiten: 130 km/h auf Autobahnen, 80 auf Landstraßen (60 auf Landstraßen ohne Mittelstreifen) und 50 in der Stadt. Achtung: Fahrradfahrer nehmen meist keine Rücksicht und tun so, als ob sie immer Vorfahrt hätten. Man muss selber umso vorsichtiger sein.

Für Großstädte wie Amsterdam gilt, dass man auf gar keinen Fall Wertsachen im Auto lassen sollte. Ein Autoradio sollte man entweder zu Hause ausbauen und gar nicht erst mitnehmen, oder sich gut versichern lassen. Wird der Pass oder Ausweis gestohlen, dann kann man sich bei der Polizei einen vorläufigen kostenlosen Passersatz besorgen, der für drei Tage gilt.

🎵 **Ik wil graag een auto huren.**
ikk will ~~eh~~raach ^en auto(o) hüür^e(n)
ich will gerne ein Auto mieten
Ich möchte ein Auto mieten.

In allen Großstädten gibt es großzügige Park&Ride-Plätze am Stadtrand, verbunden mit einem sehr günstigen Anschluss an den öffentlichen Nahverkehr. Diese Parkplätze nennen sich Transferium. *In Amsterdam werden so die Parkplätze des Fußballstadions mitgenutzt, sofern keine Spiele stattfinden.*

Hoe hoog is de dagprijs?
huu hooch ißß de dachpräjß
Wie hoch ist der Tagespreis?

Honderd euro.
honndert ööro(o)
Hundert Euro.

Nach dem Weg fragen

Is dat de weg naar Den Haag?
ißß datt de wäch naar den haach
Ist das der Weg nach Den Haag?

Hoe kom ik op de snelweg naar Amsterdam?
huu komm ikk opp de ßnällwäch naar ammßterdamm
Wie komme ich auf die Autobahn nach Amsterdam?

Tanken

Waar is het dichtstbijzijnde pompstation?
waar ißß et dichßtbäjsäjnde pompßtaschonn
Wo ist die nächste Tankstelle?

super	ßü(ü)per	Super
loodvrij	lootvräj	Bleifrei
normaal	norrmaal	Normal
diesel	diisel	Diesel

Panne

🔊 **Is er hier een garage in de buurt?**
ißß ärr hiir ᵉn ~~ch~~araashᵉ inn dᵉ büürt
ist es hier eine Werkstatt in der Nähe
Gibt es hier in der Nähe eine Autowerkstatt?

Ik heb motorpech.
ikk häpp mootorrpäch
Ich habe einen
Motorschaden.

🔊 **Ik heb autopech.**
ikk häpp auto(o)päch
Ich habe eine Panne.

🔊 **Kunt u de wagen wegslepen?**
könnt ü(ü) dᵉ waaᴄʰᵉ(n) wächßleepᵉ(n)
Können Sie den Wagen abschleppen?

🔊 **Met ... klopt iets niet.**
mätt ... kloppt iitß niit
Mit ... stimmt etwas nicht.

... is niet in orde.
... ißß niit inn orrdᵉ
... ist nicht in Ordnung.

as	aßß	Achse
starter	ßtarrtᵉr	Anlasser
uitlaat	öütlaat	Auspuff
benzinepomp	bännsl(l)nᵉpomp	Benzinpumpe
knipperlicht	blinkᵉr	Blinker
rem	rämm	Bremse
schakeling	ßchaakᵉling	Gang-schaltung

V-snaar	veeßnaar	Keilriemen
radiator	raddi(i)aatorr	Kühler
dynamo	di(i)naamo(o)	Lichtmaschine
koppeling	koppᵉling	Kupplung
band	bannt	Reifen
carburateur	karrbü(ü)rattöör	Vergaser
stroom-	ßtroom-	Verteiler
verdeler	vᵉrdeelᵉr	
bougie	bu(u)shi(i)	Zündkerze
ontsteking	onntßteeking	Zündung

Unfall

🔊 **Belt u direkt een ziekenwagen / takelwagen.**
bällt ü(ü) di(i)räkkt ᵉn siikᵉ(n)waaᵍhᵉ(n) / taakᵉlwaaᵍhᵉ(n)
Rufen Sie schnell einen Krankenwagen / Abschleppwagen.

🔊 **Roept u alstublieft de politie.**
ru(u)pt ü(ü) aßßtübliift dᵉ poli(i)zi(i)
Rufen Sie bitte die Polizei.

🔊 **Geeft u mij alstublieft uw naam en adres.**
~~oh~~eeft ü(ü) mäj aßßtübliift ü(ü)u naam änn adräßß
Geben Sie mir bitte Ihren Namen und Adresse.

🔊 **Ik geef u mijn naam en verzekering.**
ikk ~~oh~~eef ü(ü) mäjn naam änn vᵉrseekᵉring
Ich gebe Ihnen meinen Namen und Versicherung.

🔊 **Mag ik uw rijbewijs zien?**
mach ikk ü(ü)u räjbᵉwäjß siin
Darf ich Ihren Führerschein sehen?

Hinweisschilder

Aankomst aankommßt	Ankunft
Bagage ba<del>ch</del>aashe	Gepäck
Bellen bälle(n)	Klingeln
Benedenverdieping beneede(n)verdiiping	Erdgeschoss
Bezet bezätt	Besetzt
Bromfiets brommfiitß	Moped
Dames daameß	Damen
Deur sluiten! döör ßlöüte(n)	Tür schließen!
Drankjes drankjeß	Erfrischungen
Duwen dü(ü)we(n)	Drücken
Eenrichtingsverkeer <del>ee</del>nrichtingßverkeer	Einbahnstraße
EHBO eehaabeeoo	Erste Hilfe
Fietsers fiitßerß	Fahrradfahrer
Fietsers oversteken fiitßerß ooverßteeke(n)	Fahrräder kreuzen
Fietspad fiitßpatt	Fahrradweg

Geen toegang	Kein Zutritt
~~ch~~een tuu~~ch~~ang	
Geen doorgaand verkeer	Keine Durchfahrt
~~ch~~een door~~ch~~aant v^erkeer	
Geldt niet voor ...	Gilt nicht für ...
~~ch~~ällt niit voor ...	
Gereserveerd	Reserviert
~~ch~~e^re^ße^rveert	
Gesloten	Geschlossen
~~ch~~e^ßloote^(n)	
Gevaarlijke bocht	Gefährliche Kurve
~~ch~~e^vaarle^ke bocht	
Heren	Herren
heere^(n)	
Hond bijt	Bissiger Hund
honnt bäjt	
Ingang	Eingang
inn~~ch~~ang	
Inlichtingen	Information
innlichtinge^(n)	
Kruispunt	Kreuzung
kröüßpönnt	
Let op	Achtung
lätt opp	
Niet aanraken!	Nicht berühren!
niit aanraake^(n)	
Niet roken	Nichtraucher
niit rooke^(n)	
Nooduitgang	Notausgang
noodöüt~~ch~~ang	
Open	Offen
oope^(n)	

Pas geverfd	Frisch gestrichen
paßß ~~eh~~evärrft	
Parkeerschijf verplicht	Parkscheibe
parrkeerßchäjf v^erplicht	vorgeschrieben
Parkeren beperkt	Eingeschränktes
parrkeer^e(n) b^epärrkt	Parken
Perron	Bahnsteig
pärronn	
Rechts houden	Rechts halten
rächtß haud^e(n)	
Roken toegestaan	Rauchen erlaubt
rook^e(n) tuu~~eh~~^eßtaan	
Rondgaand verkeer	Kreisverkehr
ronnt~~eh~~aant v^erkeer	
Slecht wegdek	Schlechte
ßlächt wächdäkk	Fahrbahn
Slipgevaar	Rutschgefahr
ßlipp~~eh~~^evaar	
Spoor	Gleis
ßpoor	
Te huur	Zu vermieten
t^e hüür	
Te koop	Zu verkaufen
t^e koop	
Tol	Zahlstelle
toll	
Trajectcontrole	Section control
trajäkktkontrool^e	*(streckenbezogene*
	Tempomessung)
Trekken	Ziehen
träkk^e(n)	
Uitgang	Ausgang
öüt~~eh~~ang	

Die Kennzeichen aller vorbeifahrender Fahrzeuge werden an zwei Punkten des Streckenabschnitts erfasst und aus der Differenz die Durchschnittsgeschwindigkeit errechnet (Niederlande, Flandern).

Uitgezonderd ... öüteh^esonnd^ert	Ausgenommen ...
Vertrek v^erträkk	Abfahrt
Voorrang verlenen! voorrang v^erleen^e(n)	Vorfahrt beachten!
Vrij vräj	Frei
Vrije toegang vräj^e tuuehang	Eintritt frei
Wachtkamer wachtkaam^er	Wartezimmer
Wandelpad wannd^elpatt	Spazierweg
Wegversmalling wächv^erßmalling	Wegverengung
Wegwerkzaamheden wächwärrksaamheed^e(n)	Straßenarbeiten
Werk in uitvoering wärrk inn öütvuuring	Baustelle
Woonerf woonärrf	Wohnviertel
Zachte berm sacht^e bärrm	Schlechter Straßenrand
Zijweg säjwäch	Straßen- einmündung

Auf der Post

Postämter haben die Aufschrift PostNL poßtännäll. Die alte Bezeichnung PTT (Post Telegraaf Telefoon) ist seit einigen Jahren nicht mehr in Gebrauch. Auf den Briefkästen findet man meist eine Einteilung:

Streekpost ßtreekpoßßt	Nähere Umgebung
Overige bestemmingen oovᵉrᵉᵉhᵉ bᵉßtämmingᵉ(n)	Übrige Bestimmungsorte

🗨 **Waar is het dichtstbijzijnde postkantoor?**
waar ißß ᵉt dichtßtbäjsäjndᵉ poßßtkanntoor
Wo ist das nächste Postamt?

🗨 **Waar is er een brievenbus?**
waar ißß är ᵉn briivᵉ(n)bößß
Wo ist hier ein Postkasten?

🗨 **Hoe duur is een kaart naar Duitsland?**
huu düür ißß ᵉn kaart naar döütßlannt
Wie teuer ist eine Postkarte nach Deutschland?

🗨 **Graag vier postzegels voor brieven naar Oostenrijk.**
ᶜhraach viir poßßtseechᵉlß voor briivᵉ(n) naar ooßtᵉnräjk
Bitte vier Briefmarken für Briefe nach Österreich.

Internet

Mit dem Siegeszug von Smartphones und WiFi ist damit zu rechnen, dass Internetcafés keine große Zukunft mehr haben.

Man sagt, dass in Amsterdam die größten Internetcafés weltweit stehen. Auch sonst sind Internetcafés verbreitet, allerdings nicht in allen kleinen Orten. Die Bezeichnungen sind meist mehr oder weniger in Englisch.

Kunt u mij zeggen, hoe ik naar het dichtstbijzijnde internetcafé kom?
könnt ü me säehe(n) huu ikk naar et dichtßtbäjsäjnde innternättkaffee komm
Können Sie mir sagen, wie ich zum nächsten Internet-Café komme?

Heeft u een e-mailadres?
heeft ü(ü) en iimäjladdräßß
Haben Sie eine Email-Adresse?

Mijn e-mailadres is ...
mäjn iimäjladdräßß ißß
Meine Email-Adresse ist ...

Telefonieren

Die Vorwahlen ins Ausland sind:

00 49	für Deutschland
00 43	für Österreich
00 41	für die Schweiz

Nach der 0049 wird die Vorwahl der Stadt ohne die beginnende Null (gilt für alle drei Länder) und als letztes die eigentliche Telefonnummer gewählt.

Öffentliche Telefonzellen sind seit der Jahr-
tausendwende weitestgehend verschwunden.
Am ehesten wird man noch in der Nähe von
Bahnhöfen (sowie auf dem Flughafen Schip-
hol) fündig.

🎵 Waar kan ik telefoneren?
waar kann ikk te(e)le(e)fo(o)neer^e(n)
Wo kann ich telefonieren?

🎵 Waar is de dichtstbijzijnde telefooncel?
waar ißß d^e dichtßtbäjsäjnd^e te(e)le(e)fo(o)nßäll
Wo ist die nächste Telefonzelle?

Ik heb kleingeld nodig om te telefoneren.
ikk häpp kläjne̶hällt nood^ech omm t^e te(e)le(e)fo(o)neer^e(n)
ich habe Kleingeld nötig um zu telefonieren
Ich brauche Kleingeld, um zu telefonieren.

Das Handy ist genauso beliebt wie bei uns
und wird mobieltje mo(o)biiltj^e genannt. Vielfach
sagt man aber zum Handy auch einfach nur
telefoon.

*Mit der EU-weiten Ab-
schaffung der Zusatz-
gebühren beim Aus-
landsroaming ist das
Telefonieren mit dem
Handy aus den Nie-
derlanden und Belgien
sehr günstig geworden.*

Waar kan ik mijn prepaid kaart opwaarderen?
waar kann ikk mäjn pri(i)pajd kaart oppwaard^{ere}(n)
Wo kann ich meine Prepaid-Karte aufladen?

Mag ik uw telefoon gebruiken?
mach ikk ü(ü)u te(e)le(e)foon e̶h^ebröuk^e(n)
Darf ich mal Ihr Telefon benutzen?

Telefonieren

Hier folgt ein kleines Muster-Telefon-gespräch:

Hallo! Met wie spreek ik?
halloo mätt wii ßpreek ikk
Hallo! Mit wem spreche ich?

Hier is Jaap de Leeuw.
hiir ißß jaap d^e leeu
Hier ist Jaap de Leeuw.

U spreekt met Arnout van Dam.
ü(ü) ßpreekt mätt arnaut vann damm
Sie sprechen mit Arnout van Dam.

Kan ik met Marijke spreken?
kann ikk mätt maräjk^e ßpreek^e(n)
Kann ich mit Marijke sprechen?

Zij is niet thuis.
säj ißß niit thöüß
Sie ist nicht zu Hause.

Jammer!
jamm^er
Schade!

Kan ik een boodschap overbrengen?
kann ikk ^en bootßchapp oov^erbräng^e(n)
kann ich eine Botschaft überbringen
Kann ich etwas ausrichten?

Nee, ik bel nog eens om 8 uur.
nee ikk bäll noch eenß omm acht üür
Nein, ich rufe noch mal um 8 Uhr an.

Polizei & Diebstahl

Im Falle eines Falles wird man hier auch die örtliche Polizei aufsuchen müssen. Wichtig ist, dass Sie einen Diebstahl sofort melden.

Mit einem Smartphone können Sie sich die mit einem ⟡ gekennzeichneten Sätze dieses Kapitels anhören.

⟡ **Waar is het politiebureau?**
waar ißß ᵉt poli(i)zi(i)bü(ü)roo
Wo ist die Polizeiwache?

⟡ **Ik wil een diefstal aangeven.**
ik will ᵉn diifßtall aanⱸheevᵉ(n)
Ich will einen Diebstahl anzeigen.

⟡ **Er werd ... van mij ontvreemd / gestolen.**
ärr wärrt ... vann mäj onntvreemt / ⱸhᵉßtoolᵉ(n)
da wurde ... von mir gestohlen
Mir ist ... gestohlen worden.

Falls das Auto aufgebrochen und ein Radio gestohlen wurde, sollte man auf jeden Fall zur Polizei gehen und es melden.

Man bekommt dort eine Bescheinigung für die Versicherung.

⟡ **Mijn auto is opengebroken.**
mäjn auto(o) ißß oopᵉ(n)ⱸhᵉbrookᵉ(n)
Mein Wagen ist aufgebrochen worden.

Mijn ... is gestolen.
mäjn ... ißß ⱸhᵉßtoolᵉ(n)
Mein ... ist gestohlen worden.

Ik ben … verloren.
ikk bänn … v^erloor^e(n)
Ich habe … verloren.

identiteitsbewijs *(n)* i(i)dännti(i)tájtßb^ewäjß	Ausweis
portefeuille porrt^eföj	Brieftasche
fototoestel *(n)* footootuußtäll	Fotoapparat
handtas hannttaßß	Handtasche
radiotoestel *(n)* raadio(o)tuußtäll	Radio
sleutel ßlööt^el	Schlüssel
horloge *(n)* horrloosh^e	Uhr

Holländer lieben Camping und (historische) Wohnwagen

© defotoberg@AdobeStock

Bank & Geld

Die niederländische Währung ist seit 2002 der euro *ööro(o)*. Vorher gab es den gulden ~~chöll~~-d~~e~~(n). Die Abkürzung fl. stand für florijn *florräjn*. Die Bezeichnung für die kleine Geldeinheit ist gleichgeblieben: 100 cent *sännt*. Die einzelnen Münzen hatten früher eigene Bezeichnungen, die aber allesamt verschwunden sind.

tientje	tiintch^e	10 euro (oder gulden)
		(einzelner Schein)

Waar is er hier een bank / wisselkantoor?
waar ißß ärr hiir ^en bank / wißß^elkanntoor
Wo ist hier eine Bank / Wechselstube?

Ik will graag honderd dollars in euro's wisselen.
ikk will ~~ch~~raach honnd^ert dollarß inn ööro(o)ß wißß^el^e(n)
Ich möchte 100 Dollar in Euro wechseln.

Ik zou graag tweehonderd euro's in zwitserse franken willen wisselen.
ikk sau ~~ch~~raach tweehonnd^ert ööro(o)ß inn swittß^erß^e frank^e(n) will^e(n) wißß^el^e(n)
Ich möchte 200 Euro in Schweizer Franken wechseln.

Zwitserse frank
swittß^erß^e frank
Schweizer Franken

Einkaufen

Zuerst ein paar allgemeine Fragen, die nicht nur beim Einkaufen nützlich sein können. Durch die Ähnlichkeit der niederländischen Ausdrucksweise sind die meisten ohne weitere Erklärungen für uns verständlich.

ⁿ **Ik neem ...**
ikk neem
Ich nehme ...

Wij nemen ...
wäj neem^e(n)
Wir nehmen ...

Ik wil ...
ikk will
Ich möchte ...

ⁿ **Wij willen ...**
wäj will^e(n)
Wir möchten ...

ⁿ **Geef me / ons maar ...**
~~g~~eef m^e / onnß maar
Bringen Sie mir / uns ...

ⁿ **Hoeveel kost dat?**
huveel koßßt datt
Wie viel kostet das?

ⁿ **Wat wenst u?**
watt wännßt ü(ü)
Was wünschen Sie?

ⁿ **Wijs me alstublieft ...**
wäjß m^e aßßtübliift
Zeigen Sie mir bitte ...

Ik heb ... nodig.
ikk häpp ... nood^ech
ich habe ...nötig
Ich brauche ...

Ik zou graag ... willen.
ikk sau ~~g~~raach ... will^e(n)
ich würde gern ... wollen
Ich hätte gerne ...

ⁿ **Kunt u me alstublieft zeggen, ... ?**
könnt ü(ü) m^e aßßtübliift sä~~g~~h^e(n)
Können Sie mir bitte sagen, ... ?

Waar is / zijn ... ?
waar ißß / säjn
Wo ist / sind ... ?

🔊 Laat u mij alstublieft ... zien.
laat ü(ü) mäj aßßtübliift ... siin
lassen Sie mich bitte ... sehen
Zeigen Sie mir bitte ...

Hier noch ein paar Tipps zum Einkaufen. Gutes Brot zu bekommen, kann schwierig sein: Fast alle Sorten sind toastähnlich weich.

In einigen Städten haben die Metzgereien montags geschlossen.

In vielen Orten gibt es einmal in der Woche einen langen Einkaufsabend. In manchen Städten ist dies der Donnerstag, anderswo ist es der Freitag.

Viele Buchhandlungen und auch einige Schreibwarengeschäfte haben deutsche Bücher und Zeitschriften im Angebot.

Kan ik met een creditcard betalen?
kann ikk mätt ᵉn kräddittkarrt bᵉtoolᵉ(n)
Kann ich mit einer Kreditkarte bezahlen?

Kan ik hier pinnen?
kann ikk hiir pinnᵉ(n)
Kann ich hier mit der PIN-Nummer bezahlen?

Hoeveel kost dat / het?
huveel koßßt datt / ᵉt
Wie viel kostet es?

🔊 Hoe duur is het?
huu düür ißß ᵉt
Wie teuer ist es?

Allerdings werben mittlerweile viele niederländische Bäckereien auch mit duitse broodjes döütßᵉ brootchᵉß, *Brötchen nach deutschem Rezept. In den Ostniederlanden gibt es traditionell eine Art Pumpernickel.*

Die üblichen Kreditkarten werden fast überall problemlos angenommen. In vielen Läden kann man auch mit in Deutschland ausgestellten Girokarten (Euroscheckkarten) bargeldlos bezahlen. Nur beim Kauf von Parkscheinen kann es für uns Probleme geben. Und gerade der ist mancherorts nur noch bargeldlos möglich!

Einkaufen

Kunt u mij een plastic tas geven?
könnt ü(ü) mäj ᵉn pläßßtikk taßß ~~eh~~eevᵉ(n)
Können Sie mir eine Plastiktüte geben?

Mag ik het passen? **In de maat ...**
mach ikk ᵉt paßßᵉ(n) inn dᵉ maat
Kann ich es anprobieren? In Größe ...

Waar kan men ... kopen?
waar kann männ ... koopᵉ(n)
Wo kann man ... kaufen?

Ik had graag ... **Geeft u mij alstublieft ...**
ikk hatt ~~eh~~raach ~~eh~~eeft ü(ü) mäj aßßtübliift
Ich hätte gern ... Geben Sie mir bitte ...

In Anfragen oder Bitten wie Ik had graag ... muss natürlich noch ein entsprechendes passendes Wort eingesetzt werden.

■ Typisch holländischer Horeca-Betrieb (= Hotels, Restaurants, Cafés)

Wörterliste für den Einkauf

pak *(n)* pakk	Anzug
horloge *(n)* horrloosh^e	Armbanduhr
potlood pottloot	Bleistift
boeket *(n)* bu(u)kätt	Blumenstrauß
blouse blu(u)ß	Bluse
envelop ännv^elopp	Briefumschlag
boek *(n)* bu(u)k	Buch
damesverband *(n)* daam^eßv^erbannt	Damenbinde
kleurenfilmpje *(n)* klöör^e(n)filmpj^e	Farbfilm
aansteker аanßteek^er	Feuerzeug
vulpen völlpänn	Füller
maat maat	Größe
ceintuur ßä^{ng}tüür	Gürtel
handschoen hanntßchuun	Handschuh
handtas hannttaßß	Handtasche

handdoek hanntdu(u)k	Handtuch
schrift *(n)* ßchrifft	Heft
overhemd *(n)* oov^erhämmt	Hemd
broek bru(u)k	Hose
colbert *(n)*, **jasje** *(n)* kollbärrt, jasch^e	Jacke
jurk jörrk	Kleid
ballpoint bollpojnt	Kugelschreiber
jas jaßß	Mantel
nagelvijl naa<del>ch</del>^elväjl	Nagelfeile
nagellak remover naa<del>ch</del>^ellakk ri(i)muuv^er	Nagellackentferner
anjer annj^er	Nelke
oorbel oorbäll	Ohrring
pakje sigaretten *(n)* pakkj^e ßi(i)<del>ch</del>arätt^e(n)	Päckchen Zigaretten
bont *(n)* bonnt	Pelz
ansichtkaart annßichtßkaart	Postkarte
gom *(n)* chomm	Radiergummi

scheerwater *(n)* ßcheerwaat^er	Rasierwasser
paraplu parrapplü(ü)	Regenschirm
reisgids räjßehittß	Reiseführer
rok rokk	Rock
roos rooß	Rose
sjaal schaal	Schal
schaar ßchaar	Schere
slipje *(n)* ßlippj^e	Schlüpfer
sieraad *(n)* ßiiraat	Schmuck
veters *(Mz)* veet^erß	Schnürsenkel
schoensmeer ßchuunßmeer	Schuhcreme
spons ßponnß	Schwamm
zeep seep	Seife
zonnebril sonn^ebrill	Sonnenbrille
stadsplattegrond ßtattsplatt^eehronnt	Stadtplan
laarzen *(Mz)* laarß^e(n)	Stiefel

lucifers *(Mz)* lü(ü)ßi(i)färrß	Streichhölzer
kousen *(Mz)* kauße(n)	Strümpfe
zak sakk	Tasche
zaklamp sakklammp	Taschenlampe
plakband *(n)* plakkbannt	Tesafilm
toiletpapier *(n)* twa(a)lättpappiir	Toilettenpapier
tulp töllp	Tulpe
hemd *(n)* hämmt	Unterhemd
onderbroek onnderbru(u)k	Unterhose
waspoeder *(n)* waßßpu(u)der	Waschpulver
watten watte(n)	Watte
mascara maßßkaara(a)	Wimperntusche
woordenboek *(n)* woorde(n)bu(u)k	Wörterbuch
tandenborstel tannde(n)borrßtel	Zahnbürste
tandpasta tanntpaßßta(a)	Zahnpasta
tijdschrift *(n)* täjtßchrifft	Zeitschrift
krant krannt	Zeitung

Wörterliste Lebensmittel

appel	app^el	Apfel
appelsap *(n)*	app^elßapp	Apfelsaft
sinaasappel	ßi(i)naaßapp^el	Apfelsine
banaan	bannaan	Banane
bier *(n)*	biir	Bier
peer	peer	Birne
blauwe	blau^e	Blaubeeren
bosbessen *(Mz)*	boßßbäßß^e(n)	
bloemkool	blu(u)mkool	Blumenkohl
bramen *(n)*	braam^e(n)	Brombeeren
brood *(n)*	broot	Brot
broodje *(n)*	brootch^e	Brötchen
boter	boot^er	Butter
karnemelk	karrn^emällk	Buttermilch
blik *(n)*	blikk	Dose
eieren *(Mz)*	äj^er^e(n)	Eier
erwten *(Mz)*	ärrt^e(n)	Erbsen
aardbeien *(Mz)*	aardbäj^e(n)	Erdbeeren
azijn	asäjn	Essig
fles	fläßß	Flasche
vlees *(n)*	vleeß	Fleisch
kruiden *(Mz)*	krööd^e(n)	Gewürz
boerenkool	buur^e(n)kool	Grünkohl
komkommer	kommkomm^er	Gurke
augurk	~~au~~ouhörrk	saure Gurke
frambozen *(Mz)*	frammboos^e(n)	Himbeeren
honing	hooning	Honig
yoghurt	~~joeh~~joch^ert	Jogurt
koffie	koffi(i)	Kaffee
kappertjes *(Mz)*	kapp^ertch^eß	Kapern
aardappelen *(Mz)*	aardapp^el^e(n)	Kartoffeln

*Niederländische Super-
märkte sind vielfach
sehr gut sortiert und
höchst professionell
organisiert. Vergriffene
Artikel werden prak-
tisch ununterbrochen
wiederaufgestockt.*

Einkaufen

kaas	kaaß	Käse
kersen *(Mz)*	kärrße(n)	Kirschen
knoflook	knofflook	Knoblauch
kool	kool	Kohl
kropsla	kroppßlaa	Kopfsalat
kalebas	kallebaßß	Kürbis
prei	präj	Lauch
amandelen *(Mz)*	a(a)mandele(n)	Mandeln
jam	shämm	Marmelade
meel	meel	Mehl
meloen	meluun	Melone
melk	mällk	Milch
worteltjes *(Mz)*	worrteltcheß	Mohrrüben
noten *(Mz)*	noote(n)	Nüsse
fruit *(n)*	fröüt	Obst
olie	ooli(i)	Öl
sinaasappelsap	ßi(i)naaß- appelßapp	Orangensaft
peterselie	pe(e)terßeeli(i)	Petersilie
peper	peeper	Pfeffer
cantharellen *(Mz)*	kanntarälle(n)	Pfifferlinge
perzik	pärrsikk	Pfirsich
pruimen *(Mz)*	pröüme(n)	Pflaumen
paddestoel	paddeßtuul	Pilz
frieten *(Mz)*,	friite(n)	Pommes
patat	patat	frites
vossebessen *(Mz)*	voßßebäßße(n)	Preiselbeeren
kwark	kwarrk	Quark
radijsjes *(Mz)*	raddäjscheß	Radieschen
rijst	räjßt	Reis
spruitjes *(Mz)*	ßpröütcheß	Rosenkohl
rode bieten	roode biite(n)	Rote Bete
sap	ßapp	Saft

Übrigens: Während wir in Deutschland stets von den besonderen holländischen Pommes sprechen, heißen diese in Holland (und zwar völlig zurecht) belgische frietjes oder vlaamse frietjes.

room	room	Sahne
zout *(n)*	saut	Salz
plak	plakk	Scheibe
ham	hamm	Schinken
bieslook	biißlook	Schnittlauch
selderij	ßäldᵉräj	Sellerie
asperges *(Mz)*	aßßpärrshᵉß	Spargel
kruisbessen *(Mz)*	kröüßbäßßᵉ(n)	Stachel-beeren
smeerkaas	ßmeerkaaß	Streichkäse
soep	ßu(u)p	Suppe
thee	tee	Tee
water *(n)*	waatᵉr	Wasser
wijn **(wit – rood)**	wäjn (witt – root)	Wein (weiß – rot)
druiven *(Mz)*	dröüvᵉ(n)	Weintrauben
savooiekool	ßavvoojᵉkool	Wirsing
worst	worrßt	Wurst
ui	öü	Zwiebel
zuurkool	süürkool	Sauerkraut

Es ist kaum bekannt, aber in den Niederlanden wird auch einheimischer Wein produziert (Südlimburg).

© Alessia@AdobeStock

Bonbonbunter Käse

Essen & Trinken

Morgens machen die meisten Niederländer zwischen 10 und 11 Uhr eine Kaffeepause.

Zum Mittagessen gibt es oft eine koffietafel koffi(i)taaf^el. Anstelle eines warmen Gerichtes bekommt man zuerst eine Suppe oder Salat und danach Brot mit Käse und Wurst. Anschließend trinkt man dann einen Kaffee.

Später am Nachmittag, zwischen 15 und 16 Uhr, wird dagegen häufiger Tee getrunken.

Mit einem Smartphone können Sie sich die mit einem 🎵 gekennzeichneten Sätze dieses Kapitels anhören.

am Tisch		
bestek *(n)*	b^eßtäkk	Besteck
broodmandje *(n)*	broodmanntche	Brotkorb
blikopener	blikkoop^en^er	Dosenöffner
eierdopje *(n)*	äj^erdoppj^e	Eierbecher
flesopener	fläßßoop^en^er	Flaschenöffner
vork	vorrk	Gabel
kurketrekker	körrk^eträkk^er	Korkenzieher
lepel	leep^el	Löffel
mes *(n)*	mäßß	Messer
schotel	ßchoot^el	Schüssel
kopje *(n)*	koppj^e	Tasse
bord *(n)*	borrt	Teller
tafelkleed *(n)*	taaf^elkleet	Tischtuch
pan	pann	Topf
schoteltje *(n)*	ßchoot^eltj^e	Untertasse
tandestoker	tannd^eßtook^er	Zahnstocher

im Restaurant

Typisch für die Niederlande sind gar nicht so sehr spezielle holländische Restaurants, sondern eher die Vielzahl von ethnischen Lokalen, Imbissen und Automatenrestaurants.

In Großstädten sind nämlich Automaten aufgestellt, aus denen man gegen Münzeinwurf mit Hackfleisch gefüllte Teigtaschen, Kroketten, Frikadellen und indonesisch inspirierte Snacks ziehen kann:

In den Niederlanden redet man hier auch von de muur *de* müür *(die Wand).*

kalfsvleeskroket kallfßvleeßkro(o)kätt	Kalbfleischkrokette
rundvleeskroket rönntvleeßkro(o)kätt	Rindfleischkrokette
satékroket ßatteekro(o)kätt	Satékrokette
specialiteit ßpeeschaali(i)täjt	Spezialität
frikandel frikkanndäll	Frikadellenwurst
kaassoufflé kaaßßufflee	Käsesoufflé
bamibal baami(i)hall	Krokette mit Bami-Goreng-Füllung
nasibal naasi(i)ball	Krokette mit Nasi-Goreng-Füllung

🎵 **Waar is hier een goed restaurant?**
waar ißß hiir ᵉn chu(u)t räßßtorannt
Wo ist hier ein gutes Restaurant?

Is deze tafel nog vrij?
ißß dees^e taaf^el noch vräj
Ist dieser Tisch noch frei?

Ik neem ...   **Wij nemen ...**
ikk neem   wäj neem^e(n)
Ich nehme ...   Wir nehmen ...

Hoe wilt u uw vlees hebben?
huu willt ü(ü) ü(ü)u vleeß häbb^e(n)
Wie wollen Sie Ihr Fleisch haben?

goed doorgebraden   **licht gebraden**
~~ch~~u(u)t door~~ch~~^ebraad^e(n)   licht ~~ch~~^ebraad^e(n)
gut durch   halb durch

Zonder / Met ..., alstublieft.
sonnd^er / mätt ... aßßtübliift
Ohne / Mit ..., bitte.

De rekening, alstublieft.
d^e reek^ening aßßtübliift
Die Rechnung, bitte.

Alles bij elkaar.   **Hou de rest.**
all^eß bäj ällkaar   hau d^e räßßt
Alles zusammen.   Behalten Sie den Rest.

Aparte rekeningen, alstublieft.
apparrt^e reek^ening^e(n) aßßtübliift
Getrennte Rechnungen, bitte.

Fisch

baars	baarß	Barsch
bokking	bokking	Bückling
bot	bott	Flunder
garnalen	~~ch~~arrnaal^e(n)	Krabben
haring	haaring	Hering
hollandse	hollanntßᵉ	Matjes
nieuwe	niiu^e	
inktvis	inktvißß	Tintenfisch
kabeljauw	ka(a)bᵉljau	Kabeljau
karper	karrpᵉr	Karpfen
mosselen	moßßᵉlᵉ(n)	Miesmuscheln
paling	paaling	Aal
schol	ßcholl	Scholle
rivierkreeft	ri(i)viirkreeft	Flusskrebs
snoek	ßnu(u)k	Hecht
tarbot	tarrbott	Steinbutt
tong	tong	Seezunge
tonijn	tonnäjn	Thunfisch
zalm	sallm	Lachs

Fleisch & Geflügel

biefstuk	biifßtökk	Beefsteak
braadworsl	braadworßt	Bratwurst
eend	eent	Ente
ganzepeper	~~ch~~annsᵉpeepᵉr	Gänseklein
gebraad *(n)*	~~ch~~ebraat	Braten
kalfsbout	kallfßbaut	Kalbskeule
kalfsoester	kallfßu(u)ßtᵉr	Kalbs-
		medaillon

Matjessaison ist Mai / Juni. Die Bauchspeicheldrüse verbleibt im ausgenommenen Fisch, so dass sich der Hering gewissermaßen selbst vorverdaut. Das ist das Geheimnis des Matjesgeschmacks, aber auch seiner Bekömmlichkeit!

Miesmuscheln werden in Seeland im Rheindelta angebaut. In Gemüsesud mit Weißwein oder Bier zubereitet und mit Pommes frites serviert, sind sie in Holland, aber viel mehr noch in Belgien eine echte Spezialität.

karbonade	karrbo(o)naad^e	Kotelett
kip	kipp	Hähnchen
konijn *(n)*	konnäjn	Kaninchen
lever	leev^{e}r	Leber
rund	rönnt	Rind
stoofvlees *(n)*	ßtoofvleeß	Schmorbraten
varkensvlees *(n)*	varrk^{e}nßvleeß	Schweine-fleisch
varkenspotje *(n)*	varrk^{e}nßpootch^e	Eisbein

---

traditionelle niederländische Gerichte

Echt holländische Gerichte wirken auf uns nicht besonders exotisch. Es dominieren deftige Zubereitungen mit Fleisch, Soße und Kartoffeln, zumeist in gestampfter Form. Kulturgeographisch schließt das kulinarische Holland an Norddeutschland und an das Rheinland an. Bei den Gewürzen sind einige exotische Zutaten seit der Kolonialzeit fest etabliert (Zimt, Nelken, Curry, Erdnussbutter). Süßigkeiten bilden eine starke Seite der holländischen Kulinarik.

Als stamppotten bezeichnet man eine ganze Familie von Eintopfgerichten mit viel Kartoffeln, wobei das Ganze nach dem Kochen püriert wird.

hutspot	stamppot aus Möhren,
hüttßpott	Zwiebeln u. Kartoffeln
boerenkool	Grünkohl u. Kartoffeln
buur^e(n)kool	als stamppot
andijviestamppot	Endivien u. Kartoffeln
anndeiviistamppott	als stamppot

erwtensoep / snert	Erbsensuppe,
ärrt^e(n)ßuup / ßnärrt	sehr dickflüssig
hachée	Rindfleisch u. Zwiebeln
haschee	in säuerlicher Fleisch-
	soße geschmort
rookworst	weiche geräucherte
rookworßt	Wurst zum stamppot
kibbeling	gewürfeltes Fischfilet
kibb^eling	in Backteig fritiert
poffertjes	Mini-Pfannkuchen
poff^ertch^eß	mit Vanillesoße
Goudse stroopwafel	doppelte Hartwaffel
<s>ch</s>audß^e ßtroopwaff^el	mit Füllung aus
	Karamellsirup
oliebollen	ölgebackene Hefe-
ooli(i)boll^en	krapfen mit Korinthen
vla	dünnflüssiger (trink-
vla(a)	barer) Pudding
vlaai	runder Kuchen aus
vlaai	Hefeteig mit einer
	Vielzahl von Frucht-
	füllungen (wie „pie")

Im Nordosten des Landes kennt man eine luftgetrocknete metworst *mit einer sehr speziellen, süßlichen Geschmacksnote (Nelken, Zimt usw.)*

kommt aus Gouda, hat aber nichts mit Käse zu tun

Spezialität aus Limburg, kommt auch in Belgien (und in Aachen) vor

indonesische Gerichte

Sehr beliebt und gut sind die vielen chinesischen und vor allem indonesischen Restaurants, die sich übrigens meist indisch restaurant nennen (ein Überbleibsel aus der Kolonialzeit, als Indonesien „Niederländisch-Indien" hieß). Da indonesische Gerichte hierzulande nicht ganz so bekannt sind, kommt jetzt die Bedeutung einiger häufiger Speisen.

In Flandern (Belgien), aber auch im Süden der Niederlande (Limburg, Nord-Brabant), gibt es eine echte „haute cuisine", die z. T. direkt in die französische Küche übergeht.

Beliebt ist auch die rijsttafel *(indonesische Reistafel)*, ein Festbankett aus vielen kleinen asiatischen Gerichten zu gekochtem Reis. Diese Art Mahlzeit ist von den holländischen Kolonialherren erfunden worden. Während die einzelnen Bestandteile durchaus echt indonesisch sein können (teils auch chinesisch oder indisch), ist es die Art der Zusammenstellung eher nicht. Das ändert aber nichts daran, dass es sich hier um den festlichen Höhepunkt eines indonesischen Restaurantbesuchs in Holland handelt und absolut empfohlen werden kann.

capitan kapitan	Muscheln
cap cai tschapp tschaj	verschiedenes Gemüse in Soße
daging ayam daging ajam	Hühnerfleisch
daging babi daging babi(i)	Schweinefleisch
daging bebek daging bäbäkk	Entenfleisch
daging domba daging domba	Lammfleisch
daging sapi daging ßapi(i)	Rindfleisch
fu jung hai fu(u) jung haj	Omelett mit Gemüse und Fleisch
gado gado gado(o) gado(o)	Gemüsesalat mit Erdnusssoße
kacang katschang	Erdnüsse
lombok lombokk	Chili
mangga mangga	Mango
mie goreng mii goräng	gebratene Nudeln
mie kuah mii kuach	Nudelsuppe
mie rebus mii reebuß	gekochte Nudeln
nasi campur nasi(i) tschampur	Reis mit Gemüse und Fleisch

nasi goreng nasi(i) goräng	gebratener Reis
nasi putih nasi(i) putich	weißer gekochter Reis
nasi sayur nasi(i) ßajur	Reis mit Gemüse
saté ßattee	gegrillte Fleischspieße
sayur ßajur	Gemüse
telur goreng tälur goräng	gebratenes Ei
telur rebus tälur reebuß	gekochtes Ei
tiram tiramm	Austern
udang udang	Krabben
udang karang udang karang	Hummer

Leckeres vom Fischstand

© W.S

Unterkunft

Man darf in Großstädten nicht auf der Straße, im Park oder im Auto übernachten. Deshalb muss man sich auf jeden Fall eine vernünftige Unterkunft suchen. Die billigste Möglichkeit ist natürlich das Campen. Aber auch hier gilt: nur auf Campingplätzen, nicht wild.

Jugendherbergen haben meist einen prinzipiellen Nachteil: Sie schließen irgendwann nachts ab (z. B. gegen 1:00 Uhr). Die hostels sind vergleichbar, haben aber eine „liberalere" Atmosphäre und bleiben nachts zugänglich.

Is hier een ... ?
ißß hiir ᵉn
ist hier ein
Gibt es hier ein(e) ... ?

hotel	Hotel
ho(o)täll	
Bed & Breakfast	Privatpension
bädd ᵉn bräkkfäßßt	
jeugdherberg	Jugendherberge
jööchthärrbärrch	
camping	Campingplatz
kämmping	

In Amsterdam sind Hotels sehr teuer. Anderswo können die Übernachtungspreise aber durchaus etwas niedriger als in Deutschland ausfallen. Belgien hingegen ist sehr teuer.

🔊 **Heeft u nog kamers vrij?**
heeft ü(ü) noch kaamᵉrß vräj
Haben Sie noch Zimmer frei?

Wat voor kamer wilt u graag?

watt voor kaam^er willt ü(ü) ~~eh~~raach

was für Zimmer wollen Sie gern

Was für ein Zimmer möchten Sie?

eenpersoonskamer eenpärrßoonßkaam^er	Einzelzimmer
tweepersoonskamer tweepärrßoonßkaam^er	Doppelzimmer
met bad mätt batt	mit Bad
met douche mätt du(u)sch	mit Dusche

Hoeveel kost een overnachting?

huveel koßßt ^en oov^ernachting

Wie viel kostet eine Übernachtung?

Hoeveel kost de kamer met ... ?

huveel koßßt d^e kaam^er mätt ...

Wie viel kostet das Zimmer mit ... ?

ontbijt *(n)* onntbäjt	Frühstück
half-pension *(n)* hallf pännschonn	Halbpension
volledig pension *(n)* volleed^ech pannschonn	Vollpension

Is er reductie voor kinderen?

ißß arr r^edökkßi(i) voor kinnd^er^e(n)

ist da Ermäßigung für Kinder

Gibt es für Kinder eine Ermäßigung?

🔊 **Kan ik de kamer zien?**   🔊 **Ik neem hem.**
kann ikk de kaamer siin   ikk neem hämm
Kann ich das Zimmer sehen? Ich nehme es.

🔊 **Deze kamer bevalt mij (niet).**
deese kaamer bevallt mäj (niit)
Dieses Zimmer gefällt mir (nicht).

🔊 **Hoe laat moet ik uit de kamer zijn?**
huu laat mu(u)t ikk öüt de kaamer säjn
wie spät muss ich aus dem Zimmer sein
Bis wann muss ich aus dem Zimmer sein?

Haus & Wohnung

asbak	aßßbakk	Aschenbecher
bed *(n)*	bätt	Bett
sprei	ßpräj	Bettdecke
beddegoed *(n)*	bäddechu(u)t	Bettwäsche
verdieping	verdiiping	Etage
venster *(n)*, **raam**	vännßter, raam	Fenster
handdoek	hanntdu(u)k	Handtuch
verwarming	verwarrming	Heizung
kussen *(n)*	kößße(n)	Kissen
bel	bäll	Klingel
klerenhanger	kleere(n)-hanger	Kleiderbügel
keuken	kööke(n)	Küche
huur	hüür	Miete
rekening	reekening	Rechnung
slaapzak	ßlaapsakk	Schlafsack
sleutel	ßlöötel	Schlüssel
kast	kaßßt	Schrank

la	laa	Schublade
eetzaal	eetsaal	Speisesaal
stopcontact *(n)*	ßtopp-konntakkt	Steckdose
stoel	ßtuul	Stuhl
tapijt *(n)*	tappäjt	Teppich
tafel	taaf^el	Tisch
tafellaken *(n)*	taaf^elllaak^e(n)	Tischtuch
pot	pott	Topf
deur	döör	Tür
gordijn *(n)*	chorrdäjn	Vorhang
muur	müür	Wand
wastafel	waßßtaaf^el	Waschbecken
water *(n)*	waat^er	Wasser
kamer	kaam^er	Zimmer

Camping

Außerhalb von offiziellen Campingplätzen darf man keine Wohnwagen oder Zelte aufstellen.

❨ Heeft u nog plaats voor een caravan?
heeft ü(ü) noch plaatß voor ^en kärr^evänn
Haben Sie noch Platz für einen Wohnwagen?

Hoeveel kost het voor de tent?
huveel koßßt ^et voor d^e tännt
Wie viel kostet es für das Zelt?

❨ Hoeveel kost het per dag en per persoon?
huveel koßßt ^et pärr dach änn pärr pärrßoon
Wie viel kostet es pro Tag und pro Person?

Eine typisch holländische Tourismus-Variante sind die ländlich gelegenen Ferienparks mit ihrem umfassenden Freizeitangebot.

Wij blijven twee dagen / weken.
wäj bläjve(n) twee daaeh e(n) / weeke(n)
Wir bleiben zwei Tage / Wochen.

Waar kan ik mijn caravan neerzetten?
waar kann ikk mäjn kärre vänn neersätt e(n)
Wo kann ich meinen Wohnwagen aufstellen?

Waar kan ik de wagen laten staan?
waar kann ikk d e waaeh e(n) laat e(n) ßtaan
wo kann ich den Wagen lassen stehen
Wo kann ich den Wagen abstellen?

Waar zijn de toiletten?
waar säjn d e twa(a)lätt e(n)
Wo sind die Toiletten?

Kan je hier fietsen huren?
kann j e hiir fiitß e(n) hüür e(n)
Kann man hier Fahrräder leihen?

Is hier in de buurt een levensmiddelenzaak?
ißß hiir inn d e büürt e n leev e nßmidd e l e(n)saak
Ist hier in der Nähe ein Lebensmittelgeschäft?

Krank sein

In den Niederlanden erhält man die meisten Medikamente nur auf Rezept. Also ist es besser, für den eigenen Bedarf vorzusorgen.

Die normale Öffnungszeit von Apotheken ist von 9:00 bis 17:30 Uhr, aber auch nachts oder am Wochenende gibt es diensthabende Apotheken.

An vielen kleineren Orten findet man die Apotheke im Ärztehaus (und somit nicht immer im Zentrum des Ortes).

Nicht-verschreibungspflichtige Medikamente (Aspirin usw.) findet man in den Filialen der Drogeriemärkte.

🔊 **Waar is er hier een apotheek?**
waar ißß ärr hiir ᵉn appo(o)teek
Wo ist hier eine Apotheke?

🔊 **Is er hier een arts in de buurt?**
ißß ärr hiir ᵉn arrtß inn dᵉ büürt
Gibt es hier einen Arzt in der Nähe?

🔊 **Wat heeft u?**
watt heeft ü(ü)
Was haben Sie?

🔊 **Ik heb kiespijn.**
ikk häpp kiißpäjn
Ich habe Zahnschmerzen.

Wat doet u pijn?
watt du(u)t ü(ü) päjn
Was tut Ihnen weh?

🔊 **Ik moet hem trekken.**
ikk mu(u)t hämm träkkᵉ(n)
Ich muss ihn ziehen.

Doet het hier pijn?
du(u)t ᵉt hiir päjn
Tut es hier weh?

🔊 **Ik heb hier pijn.**
ikk häpp hiir päjn
Ich habe hier Schmerzen.

Ik heb ... ikk häpp	Ich habe ...
mijn maag bedorven mäjn maach bedorrve(n)	meinen Magen verdorben
mijn arm verstuikt mäjn arrm verßtöükt	meinen Arm verstaucht
me bezeerd me beseert	mich verletzt
diarree di(i)arree	Durchfall
verstopping verßtopping	Verstopfung
verkoudheid verkauthäjt	Schnupfen
pijn päjn	Schmerzen
buikpijn böükpäjn	Bauchschmerzen
hoofdpijn hooftpäjn	Kopfschmerzen
keelpijn keelpäjn	Halsschmerzen

Ik ben ... ikk bänn	Ich bin ...
verkouden verkaude(n)	erkältet
gevallen ~~eh~~evalle(n)	gestürzt
bewusteloos geworden bewößßtelooß ~~eh~~eworrde(n)	ohnmächtig geworden

🔊 **Het is niets ernstigs.**
ᵉt ißß niitß ärrnßtᵉchß
Es ist nichts Ernstes.

🔊 **Ik geef u een injectie / tabletjes.**
ikk ~~gheef~~ ü(ü) ᵉn innjäkkßi(i) / tabblättjᵉß
Ich gebe Ihnen eine Spritze / Tabletten.

🔊 **U moet geopereerd worden.**
ü(ü) mu(u)t ~~gheo~~o(o)pᵉreert worrdᵉ(n)
Sie müssen operiert werden.

🔊 **Ik moet u verwijzen.**
ikk mu(u)t ü(ü) vᵉrwäjsᵉ(n)
Ich muss Sie überweisen.

in te nemen voor / na het eten
inn tᵉ neemᵉ(n) voor / naa ᵉt eetᵉ(n)
einzunehmen vor / nach dem Essen

beim Arzt

oog *(n)*	ooch	Auge
uitslag	öütßlach	Ausschlag
buil	böül	Beule
darmwind	darrmwinnt	Blähungen
bloeddruk	blu(u)ddrökk	Blutdruck
blindedarm-ontsteking	blinndᵉdarrm-onntßteeking	Blinddarm-entzündung
etter	ättᵉr	Eiter
ontsteking	onntßteeking	Entzündung
koorts	koortß	Fieber

vinger	ving^er	Finger
voet	vu(u)t	Fuß
hersens *(Mz)*	härrß^enß	Gehirn
gewricht *(n)*	<s>ch</s>^ewricht	Gelenk
zweer	sweer	Geschwür
heesheid	heeßhäjt	Heiserkeit
hart	harrt	Herz
spit *(n)*	ßpitt	Hexenschuss
heup	hööp	Hüfte
enkel	änk^el	Knöchel
been *(n)*, **bot** *(n)*	been, bott	Knochen
botbreuk	bottbröök	Knochen-bruch
hoofd *(n)*	hooft	Kopf
kramp	krammp	Krampf
ziekte	siikt^e	Krankheit
bloedsomloop	blu(u)tß-ommloop	Kreislauf
liesbreuk	liißbröök	Leistenbruch
maag	maach	Magen
amandelen	amannd^el^e(n)	Mandeln
nek	näkk	Nacken
neusbloeding	nööß-blu(u)ding	Nasenbluten
bewuste-loosheid	b^ewößßt^e-looßhäjt	Ohnmacht
oor *(n)*	oor	Ohr
pleister	pläjßt^er	Pflaster
vulling	völling	Plombe
zalf	sallf	Salbe
roodvonk	roodvonk	Scharlach
beroerte	b^eruurt^e	Schlaganfall
rillingen *(Mz)*	rilling^e(n)	Schüttelfrost

pees	peeß	Sehne
injectie	innjäkkßi(i)	Spritze
druppels *(Mz)*	dröpp^elß	Tropfen
ongeval *(n)*	onn<del>e</del>h^evall	Unfall
verwonding	v^erwonnding	Verletzung
tand	tannt	Zahn
teen	teen	Zehe
verrekking	v^erräkking	Zerrung

Sie sind nur zu Gast auf dem Deich!

© WS

HOOGHEEMRAADSCHAP VAN
UITWATERENDE SLUIZEN IN HOLLANDS
NOORDERKWARTIER

U BENT HIER GAST
OP DEZE DIJK

WILT U GEEN ROMMEL ACHTERLATEN
EN NIETS BESCHADIGEN

Toilette & Co.

Die wichtigste Frage, wenn man „mal muss", ist:

🔊 Waar is het toilet?   **... voor dames / heren**
waar ißß ᵉt twa(a)lätt   voor daamᵉß / heerᵉ(n)
Wo ist die Toilette?   ... für Damen / Herren

Wenn irgendetwas nicht funktioniert oder fehlt, helfen vielleicht diese Ausdrücke weiter:

🔊 Ik wil graag toiletpapier.
ikk will ~~eh~~raach twa(a)lättpa(a)piir
Ich hätte gerne Toilettenpapier.

🔊 De WC trekt niet door.
dᵉ weeßee träkkt niit door
Die Spülung geht nicht.

🔊 De afvoer is verstopt.
dᵉ affvuur ißß vᵉrßtoppt
Der Abfluss ist verstopft.

🔊 Er komt geen water.
ärr kommt ~~eh~~een waatᵉr
Es kommt kein Wasser.

Literaturhinweise

Ich selbst habe Niederländisch mit Hilfe von Radiokursen bzw. dem dazugehörigen Begleitmaterial, das man auch allein verwenden konnte. Diese Materialien sind leider schon seit längerer Zeit vergriffen.

Gängige Lehrbücher in der kursgebundenen Erwachsenenbildung (VHS usw.) stammen von den üblichen deutschen Lehrbuchverlagen:

Wat leuk! Jeweils ein Kurs- und ein Arbeitsbuch mit Audio-CDs für die Kompetenzstufen A1 und A2 des Europäischen Referenzrahmens sowie ein kombiniertes Kurs- und Arbeitsbuch mit CDs für die Stufe B1 (danach kann man meist in der Fremdsprache „frei schwimmen"). Hueber Verlag.

Welkom! neu A1-A2. Ein Lehr- und ein Übungsbuch mit Audio-CDs für beide Kompetenzstufen.

Welkom terug! neu B1. Wiederum Lehr- und Arbeitsbuch in einem. Klett Verlag.

Niederländisch ohne Mühe heute. Nach der bewährten Assimil-Methode. Ein Lehrbuch und vier Audio-CDs. ISBN 9783896252142 Assimil Verlag GmbH,
Körnerstr. 12,
D-50823 Köln
www.assimilwelt.com

Die hier genannten Bücher / Schriften sind nicht über den Reise Know-How Verlag erhältlich.

© Familie Eisenlohr.de@AdobeStock

Achtung, Radweg!

Die folgenden Wörterlisten enthalten einen Grundwortschatz von jeweils ca. 1000 der am meisten gebrauchten Wörter. Alle Wörter, die genauso wie im Deutschen lauten, oder sich leicht erschließen lassen, sind hier nicht aufgenommen worden. Die Abkürzungen bedeuten: „(n)" = Neutrum (sächlich) –das Wort wird mit dem Artikel het *verwendet (alle anderen mit* de)*; „(Mz)" = Plural: das Wort steht in der Mehrzahlform, es ist keine weitere Endung nötig.*

A

Aal paling
abbiegen afslaan
Abend avond;
  am A. 's avonds
Abendessen
  avondeten *(n)*
aber maar
Abfahrt vertrek *(n)*
Abfall vuilnis *(n)*,
  afval
Abschleppdienst
  takelwagen
ähnlich gelijkaardig
als dan, toen
also dus
alt oud
Angebot aanbieding
Ankunft aankomst
Anlasser starter
anmachen aansteken
anrufen opbellen
anschauen bekijken
ansehen aanzien,
  toekijken
anziehen aankleden,
  aantrekken
Anzug kostuum *(n)*,
  pak *(n)*
Apfel appel
Apparat toestel *(n)*
arbeiten werken
Arbeitsstelle baan
Armbanduhr
  horloge *(n)*

Ärmel mouw
auch ook
auf op
Aufenthalt verblijf *(n)*
aufhören ophouden
aufstehen opstaan
Auge oog *(n)*
aus uit
Ausflug tochtje *(n)*
ausfüllen invullen
Ausgang uitgang
ausgehen uitgaan
Ausland buitenland *(n)*
Auspuff uitlaat
außer behalve
außerdem bovendien,
  behalve dat
aussteigen uitstappen
aussuchen uitzoeken
Austern oesters *(Mz)*
Ausverkauf uitverkoop
ausziehen uitkleden
Auto fahren autorijden
Autofähre autopont
Autowerkstatt garage

B

Bäckerei bakkerij
Badekabine
  badhokje *(n)*
bald gauw, spoedig
Bauer boer
Bauernhof boerderij
Beefsteak biefstuk

begleiten begeleiden
behalten houden
behaupten beweren
Behörde instantie
bei bij
beinahe haast
Beispiel voorbeeld (n); zum B. bijvoorbeeld
Bekannter kennis
bekommen krijgen
Belgien België
Belgier Belg
Belgierin Belgische
benachrichtigen inlichten
Benehmen gedrag (n)
bequem aangenaam
Beruf beroep (n)
beschäftigt bezig, druk
besetzt bezet
Besuch bezoek (n)
betrunken dronken
Bett bed (n)
Bettdecke deken
Bettwäsche beddengoed (n)
bevor voordat
Bild afbeelding, schilderij (n)
billig goedkoop
Bindfaden paktouwtje (n)
Birne peer
bis tot
bitte (geduzt) alsjeblieft; **(gesiezt)** alstublieft

Bleistift potlood (n)
Blinker knipperlicht (n)
Blitz bliksem
Blume bloem
Blumenzwiebel bloembol
Boden vloer
Bremse rem
Briefkasten brievenbus
Briefmarke postzegel, zegel
Briefumschlag envelop
Brötchen broodje (n), kadetje (n)
Brücke brug
Bruder broer
Brunnen put
buchstabieren spellen
Bügeleisen strijkijzer (n)
bügeln strijken
Büro kantoor (n)
Bürste borstel
Bus bus
Butter boter
Buttermilch karnemelk

C

Café tearoom
Crêpes flensjes (Mz)

D

dafür ervoor
dagegen ertegen
daheim thuis
damals toen, destijds
Damenbinde maandverband (n)
danach daarna
das het
dass dat
Deich dijk
dein jouw
demnächst binnenkort
derselbe dezelfde
deshalb dus
Deutsch Duits
dich jou
Dichtung verpakking
dort daar
Dose blin, trommel
Dosenöffner blikopener
draußen buiten
drehen draaien
drüben daar
du jij
Düne duin (n)
dunkel donker
durch door
Durchfahrt doortocht
dürfen mogen
Dusche douche

E

Ecke hoek
Ehe huwelijk *(n)*
Ehefrau echtgenote
Ehemann echtgenoot
eher liever
Ehering trouwring
einander elkaar
Einfahrt inrit
einkaufen inkopen
einladen uitnodigen
einmal: auf ei. ineens,
  opeens
einsteigen instappen
Eintrittskarte
  entreekaartje *(n)*
einzig enig, enkel
Eis ijs *(n)*
Eltern ouders *(Mz)*
Empfang ontvangst *(n)*
endlich eindelijk
eng nauw
Englisch Engels
Enkel kleinkind *(n)*
Enkelin kleindochter
Entwicklung
  ontwikkeling
er hij
Erdbeeren
  aardbeien *(Mz)*
Erde aarde
Erdgeschoss
  benedenverdieping
Erfrischung verfrissing
Ergebnis uitslag

erhalten behouden
erholen bijkomen
erinnern herinneren
Erkältung kou,
  verkoudheid
erklären uitleggen,
  verklaren
erlauben toestaan
erschrecken schrikken
erstens teneerste
erzählen vertellen
es het
essen eten
Essig azijn
etwas iets
euch jullie
euer jullie

F

Fähre pont, veer *(n)*
fahren rijden
Fahrer bestuurder
Fahrkarte kaartje *(n)*
Fahrrad fiets
Fahrt rit
falls indien
falsch vals
falsch fout
Familie gezin *(n)*
Familienname
  achternaam
Farbe kleur
farbig gekleurd
faul lui
fehlen ontbreken

Fehler fout
Feiertag feestdag
Feinmehl bloem
Fenster raam *(n)*
Fensterscheibe ruit
Ferienwohnung
  vakantiehuis *(n)*
fertig gereed
fest vast
Feuerlöscher
  brandblusser
Feuerzeug aansteker
Fieber koorts
Fisch vis
Fischfang visvangst
Fischgeschäft
  viswinkel
Flämisch Vlaams
Flasche fles
Fleisch vlees *(n)*
Fleischwurst worst
Flughafen luchthaven,
  vliegveld *(n)*
Flugzeug vliegtuig *(n)*
Fluss rivier
flüssig vloeibaar
Flusskrebs rivierkreeft
Fotoapparat
  fototoestel *(n)*
Frage vraag
Französisch Frans
Frau mevrouw
Fräulein juffrouw
Freude vreugde
Freund(in) vriend(in)
Friede vrede
Friedhof kerkhof *(n)*

frieren het koud
hebben
frisch vers, fris
froh blij
früh vroeg
früher eerder
Frühling lente,
voorjaar *(n)*
Frühstück ontbijt *(n)*
fühlen voelen
führen leiden
Führerschein
rijbewijs *(n)*
Füller vulpen
für voor
Furcht vrees
Fußball voetbal

G

Gabel vork
Gang versnelling
ganz geheel, heel
Garten tuin
Gasse steeg
Gebäck koek
Gebäude pand *(n)*
geben reiken;
es gibt er is / zijn
Geburt geboorte
Geburtstag verjaardag
gedünstet gestoofd
gefallen bevallen
Gefängnis gevangenis
Gefühl gevoel *(n)*
gegen tegen

Gegend streek
Gegenteil: Im G.
integendeel
Gehalt salaris *(n)*
gehen gaan, lopen
gelb geel
Geldstrafe boete
Gemüse groente
genug genoeg
geöffnet open
Gepäck bagage
Gepäckschein
bagagelabel *(n)*
gerade recht
geradeaus rechtdoor
Geräusch geluid *(n)*
gerecht billijk
Gericht rechtbank,
gerechtshof *(n)*
gerne graag
Geschäft winkel
Geschenk cadeau *(n)*
Geschichte
geschiedenis
Geschirr vaat
geschlossen gesloten
Geschwindigkeit
snelheid
gestern gisteren
Getränk drank
Getriebe
versnellingsbak
Gewitter onweer *(n)*
Gewürze kruiden *(Mz)*
Glaube geloof *(n)*
glauben geloven
gleich gelijk

Gleis rails *(Mz)*
Glück geluk *(n)*
grau grijs
Größe maat
grün groen
Grund reden
Grundschullehrer
onderwijzer
Gulden gulden
gültig geldig
Gurke augurk
gut goed
Gutschein waardebon

H

Haarklammer
haarspeld
haben hebben
Hafen haven
Haftpflichtversicherung
WA-verzekering
Hals keel
Handschuh
handschoen
Handtuch handdoek
hässlich lelijk
häufig vaak
Hauptbahnhof
centraal station *(n)*
Hauptstraße
hoofdstraat
Haut huid
Heftzwecke punaise
heiraten trouwen
heiß heet

heißen heten
heizen stoken
Heizung verwarming
hell licht
Hemd overhemd *(n)*
Herbst herfst,
  najaar *(n)*
herein binnen
Hering (geräuchert)
  bokking
Herr heer
Herz hart *(n)*
heute vandaag;
  h. Abend vanavond;
  h. Nacht vannacht
Hilfe hulp
hinlegen neerleggen
hinter achter
Holz hout *(n)*
hören horen
Hose broek
hübsch mooi
Huhn kip
Hühnersuppe
  kippensoep
Hund hond
Hupe claxon
Hütte keet

I

ich ik
ihm, ihn hem
ihr jullie;
  (Besitz) haar

immer altijd
Insel eiland *(n)*
inzwischen intussen
irgendwo ergens

J

jeder elke, ieder
jedoch echter
jemand iemand
jetzt nu
Jugend jeugd
Junge jongen
Junggeselle vrijgezel

K

Kaffee koffie
Kalbfleischroulade
  blinde vinken
kalt koud
kaputt stuk
Karotte wortel
Kartoffel aardappel
Käse kaas
kaufen kopen
kaum nauwelijks
Keilriemen V-snaar
keln gecn
Keks koekje *(n)*
Kellnerin serveerster
Kerze kaars
Kette ketting
Kino bioscoop

Kirche kerk
Kissen kussen *(n)*
Klebstoff lijm
Kleid jurk
Kleiderbügel
  klerenhanger
klingeln bellen
klug knap
Kneipe kroeg
Knoten knoop
kochen koken
kochen (Tee) zetten
Kocher kookstel *(n)*
Kolben zuiger
Konditorei
  banketbakker
König koning
Konservendose
  blikje *(n)*
Kopf hoofd *(n)*
Kopfkissen
  hoofdkussen *(n)*
Kopfschmerzen
  hoofdpijn
Korb mand
Korkenzieher
  kurkentrekker
Körper lichaam *(n)*
Körperpuder
  talkpoeder
krank ziek
Krankenhaus
  ziekenhuis *(n)*
Krankenschwester
  verpleegster
Krebs kreeft

Kreuzung kruispunt *(n)*
Krieg oorlog
Küche keuken
Kugelschreiber
  ballpoint
Kühler radiator
Kurbelwelle krukas
Kurs koers
Kurve bocht
küssen kussen

L

Lachs zalm
Lakritz drop
Landstraße B-weg
langweilig saai
lassen laten
Lautsprecher
  luidspreker
Lebensmittel
  levensmiddelen *(Mz)*,
  voedingsmiddelen *(Mz)*
Lebensmittelgeschäft
  kruidenier
Leder leer *(n)*
ledig ongehuwd
leer leeg
Lehrerin lerares
leicht gemakkelijk
leider helaas
leihen lenen
Leiter ladder
Leuchtturm vuurtoren
Lidschatten
  oogschaduw

Liebe liefde
Limonade limonade
Loch gat *(n)*
Lockenwickler
  krulspeld
Löffel lepel
Luft lucht
lustig grappig

M

Mädchen meisje *(n)*
Mal keer
manchmal soms
Mannschaft elftal *(n)*
Mantel jas
Marmelade jam
mein mijn
meinen (jemanden)
  bedoelen
Mensch mens
merken gewaarworden;
  sich etwas m.
  onthouden
Messer mes *(n)*
Metzgerei slagerij
mich mij, me
mieten huren
Milch melk
Milchgeschäft
  melkboer
mir mij, me
mitbringen
  meebrengen
mitnehmen
  meenemen

Mittagessen lunch
Mofa bromfiets
mögen houden van
Monat maand
Mond maan
Motorrad motor(fiets)
Morgen: am M.
  's ochtends
Möwe meeuw
Mücke mug
müde moe, vermoeid
Mühle molen
Münze munt
Muscheln
  mosselen *(Mz)*
müssen moeten
Mutter moeder

N

nach na, naar
Nachbar buurman
Nachbarin buurvrouw
nachher naderhand,
  later
Nachmittag middag
nachmittags
  's middags
Nachrichten
  nieuws *(n)*
Nagel spijker
Nagellackentferner
  nagellakremover
nass nat
Nebel mist
Neffe neef

nett aardig, fraai
neu nieuw
neulich onlangs
nicht niet
Nichte nichtje
nichts niets
nie nooit
niedrig laag
noch nog
Notausgang nooduitgang
nützlich nuttig

O

ob of
oben boven
Obst fruit *(n)*
obwohl hoewel
oder of
Ofen kachel
offen geopend
oft dikwijls
ohne zonder
Ölstand oliepeil *(n)*
Oma grootmoeder
Onkel oom
Orangensaft sinaasappelsap
Ostern Pasen
Österreich Oostenrijk

P

Personalausweis identiteitsbewijs *(n)*
Pfannekuchen pannenkoek;
(kleiner) poffertje *(n)*
Pfeife pijp
Pferd paard *(n)*
Pfirsich perzik
Pflaume pruim
Pilz paddestoel
Platz plein *(n)*, plaats
Pommes frites friet, patat
Porree prei
Postkarte ansichtkaart
Predigt preek
Pullover trui
pünktlich stipt

Q / R

Quittung kwitantie
Rabatt korting
Rad wiol *(n)*
Radiergummi gum
Radio radiotoestel *(n)*
Rasierapparat scheerapparat
rasieren scheren
Rasierwasser scheerwater *(n)*
rauchen roken
Rechnung rekening

rechtzeitig bijtijds, tijdig
reden praten, spreken
Regenmantel regenjas
Regenschirm paraplu
Reifen band
Reinigung stomerij
Reis rijst
Reiseziel reisdoel *(n)*
Reißverschluss ritssluiting
Rest overschot *(n)*
Restaurant (einfach) eethuis *(n)*
Rosenkohl spruitje *(n)*
Rückfahrt terugreis
rückwärts achteruit
rudern roeien
rufen roepen
ruhig rustig
Rundfahrt rondrit

S

Saft jus, sap *(n)*
sagen opmerken, zeggen
Salat sla
Salz zout *(n)*
Sardellen ansjovis
Satz zin
sauber helder, schoon
sauer zuur
Schachtel pakje *(n)*
schaden kwaad doen
Schallplatte plaat

Schalter schakelaar;
  (Kasse) loket (n)
scharf scherp
Schatten schaduw
schauen kijken
Scheibenwischer
  ruitenwisser
scheinen lijken
Scheinwerfer koplamp
Schere schaar
schicken sturen
Schiff schip (n)
schlafen slapen
Schlafzimmer
  slaapkamer
Schlange (Warte-) rij;
  Sch. stehen in de rij
  staan
schlau slim, sluw
Schleuse sluis
schließen dichtdoen
schlimm erg
Schlüssel sleutel
Schmerz pijn
schmerzhaft pijnlijk
Schmuck sieraad (n)
Schmutz vuil (n)
schmutzig smerig
schneien sneeuwen
schnell vlug
Schnellgaststätte
  cafetaria
Schnürsenkel
  schoenveter
schon al
schön fraai
Schraube schroef

Schreibwarengeschäft
  kantoorboekhandel
schreien schreeuwen
Schuh schoen
Schuhcreme
  schoensmeer
Schule school
Schutzhelm valhelm
Schwamm spons
Schweiz Zwitserland
Schwester zus
schwierig lastig,
  moeilijk
Schwimmbad
  zwembad (n)
seekrank zeeziek
sehen zien
Seife zeep
Seil kabel, touw (n)
sein zijn
seit sedert, sinds
seitdem sindsdien
Seite kant, zijde
Senf mosterd
setzen plaatsen
sicher veilig
Sicherheitsgurt
  veiligheidsriem
Sicherung zekering
sie zij
Sie u
so: s. ein zulk
sofort meteen
Sommer zomer
sonst verder
Spargel asperges (Mz)
spät laat

Speisekarte spijskaart
Spielplatz
  speelplein (n)
Spielzeug
  speelgoed (n)
Spirituosengeschäft
  slijterij
Spitze punt, top
Sportplatz
  sportveld (n)
Sprache taal
Spülung (door)spoeling
Stadtplan plattegrond
Stadtteil buurt, wijk
Steckdose
  stopcontact (n)
Stecknadel speld
stehen staan
Steinbutt tarbot
stellen neerzetten
Stern ster
Stockwerk verdieping
Stoßstange bumper
Strammer Max
  uitsmijter
Straßenbahn tram
Streichholz lucifer
Streichholzschachtel
  lucifersdoosje (n)
Stuhl stoel
Stunde uur (n)
süß zoet
Süßwarengeschäft
  snoepwinkel

T	**U**	**V**

Tabak shag
tagsüber overdag
Tankstelle
  pompstation *(n)*
Taschenlampe
  zaklantaarn
Taschentuch zakdoek
Tasse kopje (n)
täuschen, sich zich
  vergissen
tausend duizend
Telefonbuch
  telefoongids
Telefonhörer hoorn
Teller bord *(n)*
Tesafilm plakband *(n)*
teuer duur
tief diep
Tintenfisch inktvis
Tisch tafel
Topf pan
Trauben druiven *(Mz)*
träumen dromen
traurig verdrietig
trinken drinken
Trinkgeld fooi
trocken droog
Tropfen druppel
trotzdem desondanks
Tuch doek
Tunfisch tonijn
Tür deur
Turm toren
Tüte zakje *(n)*

über over
überholen inhalen
überrascht verrast
übersetzen vertalen
Überstunde overuur
Umleitung omleiding
umsteigen
  overstappen
umtauschen
  omwisselen
umziehen verhuizen;
  sich u. verkleden
unbedingt beslist
und en
Unfall ongeluk *(n)*
unser ons, onze
unten beneden
Unterführung
  viaduct *(n)*
unterhalten
  onderhouden
Unterschied
  verschil *(n)*
unterschreiben
  ondertekenen
Unterschrift
  handtekening
Untertasse schotel
Unterwäsche
  ondergoed *(n)*
Urlaub vakantie

Ventil (Motor-) klep
verabreden afspreken
verdorben rot
vergangen verleden
Vergaser carbureateur
verheiratet gehuwd,
  getrouwd
Verkäuferin verkoopster
verlangen eisen
Verlobte(r) verloofde
vermieten verhuren
verrückt gek
Versehen: aus V.
  per ongeluk
Versicherung
  verzekering
Verspätung vertraging
versprechen beloven
verstehen begrijpen
versuchen proeven
Verteiler
  stroomverdeler
Vertreter
  vertegenwoordiger
Verwaltung bestuur *(n)*
Verzeihung vergeving
viel veel
vielleicht misschien
vor geleden
vorgestern eergisteren
Vormittag ochtend
vormittags 's ochtends
Vorort buitenwijk

Vorspeise
voorgerecht *(n)*
**vorziehen (lieber
haben)** verkiezen

W

wach wakker
wachsen groeien
Wagenheber krik
wählen kiezen
während gedurende
Wald bos *(n)*
Wand muur
wandern trekken
Wanduhr klok
Waschbecken wastafel
Wäsche wasgoed *(n)*
Wasser water *(n)*
wechseln (Geld)
wisselen
weder … noch
noch … noch
weich teer
Weihnachten Kerstmis
weil omdat
weiter voorts, verder
Welt wereld
weniger minder
wenn als, wanneer
wer wie
werden (Passiv)
worden;
(Zukunft) zullen
werfen gooien
Werkstatt werkplaats

Werkzeug
gereedschap *(n)*
Wetter weer *(n)*
wichtig belangrijk
wie hoe;
w. viel hoeveel
wieder weer
wiederholen herhalen
Wiedersehen: auf W.
tot ziens
Wiese wei
wieso hoezo
wir wij, we
wissen weten
Witz grap, mop
wo waar
Woche week
Wohnung flat
Wohnwagen caravan
Wohnzimmer
woonkamer
wünschen wensen

Z

Zahl getal *(n)*
zählen tellen
Zahn tand
Zahnbürste
tandenborstel
Zange tang
zart week
Zaun hek *(n)*
zeigen tonen, wijzen
Zeit tijd;
zur Z. momenteel

Zeitung krant
Zelt tent
Zeugnis getuigenis
ziehen trekken
ziemlich tamelijk
Zimmer kamer,
vertrek *(n)*
zu te;
z. viel teveel
Zucker suiker
zufällig toevallig
Zug trein
zuletzt tenslotte
Zündkerze bougie
zurück terug
zusammen samen
Zusammenstoß
botsing
zweiter tweede
Zwiebel ui
zwischen tussen

A

aanbieding Angebot
aangenaam bequem
aankleden anziehen
aankomst Ankunft
aansteken anmachen
aansteker Feuerzeug
aantrekken anziehen
aanzien ansehen
aardappel Kartoffel
aardbeien *(Mz)*
  Erdbeeren
aarde Erde
aardig nett
achter hinter
achternaam
  Familienname
achteruit rückwärts
afbeelding Bild
afslaan abbiegen
afspreken verabreden
afval Abfall
al schon
als wenn
alsjeblieft bitte
  (geduzt)
alstublieft bitte
  (gesiezt)
altijd immer
ansjovis Sardellen
appel Apfel
asperges *(Mz)* Spargel
augurk Gurke (sauer)
autopont Autofähre
autorijden Autofahren

avond Abend;
  's avonds am Abend
avondeten *(n)*
  Abendessen
azijn Essig

B

baan Arbeitsstelle
badhokje *(n)*
  Badekabine
bagage Gepäck
bakkerij Bäckerei
ballpoint
  Kugelschreiber
band Reifen
banketbakker
  Konditorei
bed *(n)* Bett
beddegoed *(n)*
  Bettwäsche
bedoelen
  (jem.) meinen
begeleiden begleiten
begrijpen verstehen
behalve außer;
  b. dat außerdem
behouden erhalten
bekijken anschauen
belangrijk wichtig
Belg Belgier
België Belgien
Belgische Belgierin
bellen klingeln
beloven versprechen
beneden unten

benedenverdieping
  Erdgeschoss
beroep *(n)* Beruf
beslist unbedingt
bestuur *(n)* Verwaltung
bestuurder Fahrer
bevallen gefallen
beweren behaupten
bezet besetzt
bezig beschäftigt
bezoek *(n)* Besuch
biefstuk Beefsteak
bij bei
bijkomen erholen
bijtijds rechtzeitig
bijvoorbeeld
  zum Beispiel
billijk gerecht
binnen herein
binnenkort demnächst
bioscoop Kino
blij froh
blikje *(n)*
  Konservendose
blikopener
  Dosenöffner
bliksem Blitz
blinde vinken
  Kalbfleischroulade
bloem Mehl, Blume
bloembol
  Blumenzwiebel
bocht Kurve
boer Bauer
boerderij Bauernhof
boete Geldstrafe

bokking Hering (geräuchert)
bord *(n)* Teller
borstel Bürste
bos *(n)* Wald
boter Butter
botsing Zusammenstoß
bougie Zündkerze
boven oben
bovendien außerdem
brandblusser Feuerlöscher
briefkaart Postkarte
brievenbus Briefkasten
broek Hose
broer Bruder
bromfiets Mofa
brood *(n)* Brot
broodje *(n)* Brötchen
brug Brücke
buiten draußen
buitenland *(n)* Ausland
buitenwijk Vorort
bumper Stoßstange
bus Dose, Bus
buurman Nachbar
buurt Stadtteil
buurvrouw Nachbarin
B-weg Landstraße

C

cadeau *(n)* Geschenk

cafetaria Schnellgaststätte
caravan Wohnwagen
carburateur Vergaser
centraal station *(n)* Hauptbahnhof
claxon Hupe

D

daar dort
daar drüben
daarna danach
dan als
dat dass
deken Bettdecke
desondanks trotzdem
destijds damals
deur Tür
dezelfde derselbe
dichtdoen schließen
diep tief
dijk Deich
dikwijls oft
doek Tuch
donker dunkel
door durch
doorspoeling Spülung
doortocht Durchfahrt
douche Dusche
draaien drehen
drank Getränk
drinken trinken
drom Menge, Haufen
dromen träumen

dronken betrunken
droog trocken
drop Lakritz
druiven *(Mz)* Trauben
druk beschäftigt
druppel Tropfen
duin *(n)* Düne
Duits Deutsch
duizend tausend
dus also, deshalb
duur teuer

E

echter jedoch
echtgenoot Ehemann
echtgenote Ehefrau
eerder früher
eergisteren vorgestern
eethuis *(n)* Restaurant (einfach)
eiland *(n)* Insel
eindelijk endlich
eisen verlangen
elftal *(n)* Mannschaft (Fußball)
elkaar einander
elke jeder
en und
Engels Englisch
enig einzig
enkel einzig; Knöchel
entreekaartje *(n)* Eintrittskarte
envelop Briefumschlag

Niederländisch – Deutsch

erg schlimm; sehr
ergens irgendwo
ertegen dagegen
ervoor dafür
eten essen

F

feestdag Feiertag
fiets Fahrrad
flat Wohnung
flensjes *(Mz)* Crêpes
fles Flasche
fooi Trinkgeld
fototoestel *(n)* Fotoapparat
fout falsch, Fehler
fraai schön, nett
Frans Französisch
friet Pommes frites
fruit *(n)* Obst

G

gaan gehen
garage Autowerkstatt
gat *(n)* Loch
gauw bald
geboorte Geburt
gedrag *(n)* Benehmen
gedurende während
geel gelb
geen kein
geheel ganz

gehuwd verheiratet
gek verrückt
gekleurd farbig
geldig gültig
geleden vor
gelijk gleich
gelijkaardig ähnlich
geloof *(n)* Glaube
geloven glauben
geluid *(n)* Geräusch
geluk *(n)* Glück
gemakkelijk leicht
genoeg genug
geopend offen
gerechtshof *(n)* Gericht
gereed fertig
gereedschap *(n)* Werkzeug
geschiedenis Geschichte
gesloten geschlossen
gestoofd gedünstet
getal *(n)* Zahl
getrouwd verheiratet
getuigenis Zeugnis
gevangenis Gefängnis
gevoel *(n)* Gefühl
gewaarworden merken
gezin *(n)* Familie
gisteren gestern
goed gut
goedkoop billig
gooien werfen
graag gerne

grap Witz
grappig lustig
grijs grau
groeien wachsen
groen grün
groente Gemüse
grootmoeder Oma
gulden Gulden
gum Radiergummi

H

haar ihr (Besitz)
haarspeld Haarklammer
haast beinahe
handdoek Handtuch
handschoen Handschuh
handtekening Unterschrift
hart *(n)* Herz
haven Hafen
hebben haben
heel ganz
heer Herr
heet heiß
hek *(n)* Zaun
helaas leider
helder klar
hem ihn, ihm
herfst Herbst
herhalen wiederholen
herinneren erinnern
het es, das

heten heißen
hij er
hoe wie
hoek Ecke
hoeveel wieviel
hoewel obwohl
hoezo wieso
hond Hund
hoofd (n) Kopf
hoofdkussen (n)
 Kopfkissen
hoofdpijn
 Kopfschmerzen
hoofdstraat
 Haupstraße
hoorn Telefonhörer
horen hören
horloge (n)
 Armbanduhr
houden behalten;
 h. van mögen
hout (n) Holz
huid Haut
hulp Hilfe
huren mieten
huwelijk (n) Ehe

I

identiteitsbewijs (n)
 Personalausweis
ieder jeder
iemand jemand
iets etwas
ijs (n) Eis

ik ich
indien falls
ineens auf einmal
inhalen überholen
inkopen einkaufen
inktvis Tintenfisch
inlichten
 benachrichtigen
inrit Einfahrt
instantie Behörde
instappen einsteigen
integendeel im
 Gegenteil
intussen inzwischen
invullen ausfüllen

J

jam Marmelade
jas Mantel
jeugd Jugend
jij du
jongen Junge
jou dich, dir
jouw dein
juffrouw Fräulein
jullie ihr, euer, euch
jurk Kleid
jus Saft, Soße

K

kaars Kerze
kaartje (n) Fahrkarte

kaas Käse
kabel Seil
kachel Ofen
kadetje (n) Brötchen
kamer Zimmer
kant Seite
kantoor (n) Büro
kantoorboekhandel
 Schreibwarenladen
karnemelk Buttermilch
katoen Baumwolle
keel Hals
keer Mal
keet Hütte
kennis Bekannter
kerk Kirche
kerkhof (n) Friedhof
Kerstmis Weihnachten
ketting Kette
keuken Küche
kiezen wählen
kijken schauen
kip Huhn
kippensoep
 Hühnersuppe
kleindochter Enkelin
kleinkind (n) Enkel
klep Ventil (Motor)
klerenhanger
 Kleiderbügel
kleur Farbe
klok Wanduhr
knap klug
knipperlicht (n)
 Blinker
knoop Knoten

koek Gebäck
koekje *(n)* Keks
koers Kurs
koffie Kaffee
koken kochen
koning König
kookstel *(n)* Kocher
koorts Fieber
kopen kaufen
kopje *(n)* Tasse
koplamp Scheinwerfer
korting Rabatt
kostuum *(n)* Anzug
kou Erkältung
koud kalt;
   het k. hebben frieren
krant Zeitung
kreeft Krebs
krijgen bekommen
krik Wagenheber
kroeg Kneipe
kruiden *(Mz)* Gewürze
kruidenier
   Lebensmittelgeschäft
kruispunt Kreuzung
krukas Kurbelwelle
krulspeld
   Lockenwickler
kurkentrekker
   Korkenzieher
kussen küssen
kussen *(n)* Kissen
kwaad: kw. doen
   schaden
kwitantie Quittung

L

laag niedrig
laat spät
ladder Leiter
lastig schwierig
laten lassen
later nachher
leeg leer
leer *(n)* Leder
leiden führen
lelijk hässlich
lenen leihen
lente Frühjahr
lepel Löffel
lerares Lehrerin
lesuur
   Unterrichtsstunde
levensmiddelen *(Mz)*
   Lebensmittel
lichaam *(n)* Körper
licht hell, leicht
liefde Liebe
liever eher
lijken scheinen
lijm Klebstoff
loket *(n)*
   Schalter (Kasse)
lopen gehen
lucht Luft
lucifer Streichholz
lucifersdoosje *(n)*
   Streichholzschachtel
lui faul
luidspreker
   Lautsprecher

lunch Mittagessen

M

maan Mond
maand Monat
mandverband *(n)*
   Damenbinde
maar aber
maat Größe
mand Korb
mascara
   Wimperntusche
me mich, mir
meebrengen
   mitbringen
meenemen
   mitnehmen
meeuw Möwe
meisje *(n)* Mädchen
melk Milch
melkboer
   Milchgeschäft
mens Mensch
mes *(n)* Messer
meteen sofort
mevrouw Frau (Anrede)
middag Nachmittag;
   's middags
   nachmittags
mij mich, mir
mijn mein
minder weniger
misschien vielleicht
mist Nebel

moe müde
moeder Mutter
moeilijk schwierig
moeten müssen
mogen dürfen
molen Mühle
momenteel zur Zeit
mooi hübsch
mop Witz
mosselen *(Mz)*
   Muscheln
mosterd Senf
motor(fiets) Motorrad
mouw Ärmel
mug Mücke
munt Münze
muur Wand

N

na nach
naar nach
naderhand nachher
nagellakremover
   Nagellackentferner
najaar *(n)* Herbst
nat nass
nauw eng
nauwelijks kaum
neef Neffe, Cousin
neerleggen hinlegen
neerzetten stellen
nicht Nichte, Cousine
niet nicht
niets nichts
nieuw neu

nieuws *(n)*
   Nachrichten
noch ... noch
   weder ... noch
nog noch
nooduitgang
   Notausgang
nooit nie
nu jetzt
nuttig nützlich

O

ochtend Vormittag;
   's ochtends
   am Morgen,
   vormittags
oesters *(Mz)* Austern
of oder, ob
oliepeil *(n)* Ölstand
omdat weil
omleiding Umleitung
omwisselen
   umtauschen
ondergoed *(n)*
   Unterwäsche
onderhouden
   unterhalten
ondertekenen
   unterschreiben
onderwijzer
   Grundschullehrer
ongehuwd ledig
ongeluk *(n)* Unfall;
   per o. aus Versehen
onlangs neulich

ons unser
ontbijt *(n)* Frühstück
ontbreken fehlen
onthouden (sich
   etwas) merken
ontvangst *(n)* Empfang
ontwikkeling
   Entwicklung
onweer *(n)* Gewitter
onze unser(e)
oog *(n)* Auge
oogschaduw
   Lidschatten
ook auch
oom Onkel
oorlog Krieg
Oostenrijk Österreich
op auf
opbellen anrufen
opeens auf einmal
open geöffnet
ophouden aufhören
opinie Meinung
opmerken sagen
opstaan aufstehen
ossenstaartsoep
   Ochsenschwanzsuppe
oud alt
ouders *(Mz)* Eltern
over über
overdag bei Tag
overhemd *(n)* Hemd
overschot *(n)* Rest
overstappen
   umsteigen
overuur *(n)*
   Überstunde

P

paard *(n)* Pferd
paddestoel Pilz
pak *(n)* Anzug
pakje *(n)* Schachtel
paktouwtje *(n)*
  Bindfaden
paling Aal
pan Topf
pand *(n)* Gebäude
pannenkoek
  Pfannekuchen
paraplu Regenschirm
Pasen Ostern
peer Birne
perzik Pfirsich
pijn Schmerz
pijnlijk schmerzhaft
pijp Pfeife
plaat Schallplatte
plaats Platz
plaatsen setzen
plakband *(n)* Tesafilm
plattegrond Stadtplan
plein *(n)* Platz
poffertje *(n)*
  Pfannkuchen (klein)
pompstation *(n)*
  Tankstelle
pont Fähre
postzegel Briefmarke
potlood *(n)* Bleistift
praten reden
preek Predigt
prei Porree, Lauch

proeven versuchen
pruim Pflaume
punaise Heftzwecke
punt Spitze
put Brunnen

R

raam *(n)* Fenster
radiator Kühler
radiotoestel *(n)* Radio
rails *(Mz)* Gleis
rechtbank Gericht
rechtdoor gerade
rechtuit geradeaus
reçu *(n)* Gepäckschein
reden Grund
regenjas Regenmantel
reiken geben
reisdoel *(n)* Reiseziel
rekening Rechnung
rem Bremse
rij: in de r. staan
  Schlange stehen
rijbewijs *(n)*
  Führerschein
rijden fahren
rijst Reis
rit Fahrt
ritssluiting
  Reißverschluss
rivier Fluss
rivierkreeft Flusskrebs
roeien rudern
roepen rufen
roken rauchen

rondrit Rundfahrt
rot verdorben
ruit Fensterscheibe
ruitenwisser
  Scheibenwischer
rustig ruhig

S

saai langweilig
salaris *(n)* Gehalt
samen zusammen
schaar Schere
schaduw Schatten
schakelaar Schalter
scheerapparat *(n)*
  Rasierapparat
scheerwater *(n)*
  Rasierwasser
scheren rasieren
scherp scharf
schilderij *(n)* Bild,
  Malerei
schip *(n)* Schiff
schoen Schuh
schoensmeer
  Schuhcreme
schoenveter
  Schnürsenkel
school Schule
schoon sauber
schotel Untertasse
schreeuwen schreien
schrikken erschrecken
schroef Schraube
sedert seit

serveerster Kellnerin
shag Tabak
sieraad *(n)* Schmuck
sinaasappelsap
  Orangensaft
sinds seit
sindsdien seitdem
sla Salat
slaapkamer
  Schlafzimmer
slagerij Metzgerei
slapen schlafen
sleutel Schlüssel
slijterij
  Spirituosengeschäft
slim schlau
sluis Schleuse
sluw schlau
smerig schmutzig
sneeuwen schneien
snelheid
  Geschwindigkeit
snoepwinkel
  Süßwarengeschäft
soms manchmal
speelgoed *(n)*
  Spielzeug
speelplaats
  Spielplatz
speld Stecknadel
spellen buchstabieren
spijker Nagel
spijskaart
  Speisekarte
spoedig bald
spons Schwamm

sportveld *(n)*
  Sportplatz
spreken reden
spruitje *(n)* Rosenkohl
staan stehen
starter Anlasser
steeg Gasse
ster Stern
stipt pünktlich
stoel Stuhl
stoken heizen
stomerij Reinigung
stopcontact *(n)*
  Steckdose
streek Gegend
strijken bügeln
strijkijzer *(n)*
  Bügeleisen
stroomverdeler
  Verteiler
stuk kaputt
sturen schicken
suiker Zucker

T

taal Sprache
tafel Tisch
takelwagen
  Abschleppdienst
tamelijk ziemlich
tand Zahn
tandenborstel
  Zahnbürste
tang Zange
tarbot Steinbutt

te zu
tearoom Café
teer weich
tegen gegen
telefoongids
  Telefonbuch
tellen zählen
teneerste erstens
tenslotte zuletzt
tent Zelt
terug zurück
terugreis Rückfahrt
teveel zu viel
thuis daheim
tijd Zeit
tijdig rechtzeitig
tochtje *(n)* Ausflug
toekijken ansehen
toen damals, als
toestaan erlauben
toestel *(n)* Apparat
toevallig zufällig
tonen zeigen
tonijn Tunfisch
top Spitze
toren Turm
tot bis
touw *(n)* Seil
tram Straßenbahn
trein Zug
trekken ziehen;
  wandern
trouwen heiraten
trouwring Ehering
trui Pullover
tuin Garten
tussen zwischen

tweede zweiter

U

u Sie
ui Zwiebel
uit aus
uitgaan ausgehen
uitgang Ausgang
uitkleden ausziehen
uitlaat Auspuff
uitleggen erklären
uitnodigen einladen
uitslag Ergebnis
uitsmijter
  Strammer Max
uitstappen aussteigen
uitverkoop Ausverkauf
uitzoeken aussuchen
uur *(n)* Stunde

V

vaak häufig
vaat Geschirr
vakantie Urlaub
vakantiehuis *(n)*
  Ferienwohnung
valhelm Schutzhelm
vals falsch
vanavond heute
  Abend
vandaag heute
vannacht heute Nacht
vast fest

veel viel
veer *(n)* Fähre
veilig sicher
veiligheidsriem
  Sicherheitsgurt
verblijf *(n)* Aufenthalt
verder weiter, ferner
verdieping Stockwerk
verdrietig traurig
verfrissing
  Erfrischung
vergeving Verzeihung
vergissen: zich v.
  sich täuschen
verhuizen umziehen
verhuren vermieten
verjaardag
  Geburtstag
verkiezen
  vorziehen, lieber
  haben
verklaren erklären
verkleden
  sich umziehen
verkoopster
  Verkäuferin
verkoudheid
  Erkältung
verleden vergangen
verloofde Verlobte(r)
vormoeid müde
pakking Dichtung
verpleegster
  Krankenschwester
verrast überrascht
vers frisch

verschil *(n)*
  Unterschied
versnelling Gang
versnellingsbak
  Getriebe
vertalen übersetzen
vertegenwoordiger
  Vertreter
vertellen erzählen
vertraging Verspätung
vertrek *(n)* Abfahrt,
  Zimmer
verwarming Heizung
verzekering
  Versicherung
viaduct *(n)*
  Unterführung
vis Fisch
visvangst Fischfang
viswinkel
  Fischgeschäft
Vlaams Flämisch
vlees *(n)* Fleisch
vliegtuig *(n)* Flugzeug
vliegveld *(n)* Flughafen
vloeibaar flüssig
vloer Boden
vlug schnell
voedingsmiddelen *(n)*
  Lebensmittel
voelen fühlen
voetbal Fußball
voor für
voorbeeld *(n)* Beispiel
voordat bevor
voorgerecht *(n)*
  Vorspeise

Niederländisch – Deutsch

voorjaar *(n)* Frühling
vork Gabel
vraag Frage
vrede Friede
vrees Furcht
vreugde Freude
vriend(in) Freund(in)
vrijgezel Junggeselle
vroeg früh
V-snaar Keilriemen
vuil *(n)* Schmutz
vuilnis *(n)* Abfall
vulpen Füller
vuurtoren Leuchtturm

W

waar wo
waardebon Gutschein
wakker wach
wanneer wenn
wasgoed *(n)* Wäsche
wastafel
   Waschbecken
water *(n)* Wasser
WA-verzekering
   Haftpflicht-
   versicherung
we wir
week Woche; zart
weer wieder
weer *(n)* Wetter
wei Wiese
wensen wünschen

wereld Welt
werken arbeiten
werkplaats Werkstatt
weten wissen
wie wer
wiel *(n)* Rad
wij wir
wijk Stadtteil
wijzen zeigen
winkel Geschäft
wisselen
   wechseln (Geld)
woonkamer
   Wohnzimmer
worden werden
   (Passiv)
worst Fleischwurst
wortel Karotte

Z

zakdoek Taschentuch
zakje *(n)* Tüte
zaklantaarn
   Taschenlampe
zalm Lachs
zeep Seife
zeeziek seekrank
zegel (Brief)marke
zeggen sagen
zekering Sicherung
zetten kochen (Tee)
ziek krank

ziekenhuis *(n)*
   Krankenhaus
zien sehen;
   tot ziens
   auf Wiedersehen
zij sie
zijn sein;
   er is / zijn es gibt
zin Satz; Lust
zoet süß
zomer Sommer
zonder ohne
zout *(n)* Salz
zuiger Kolben
zulk so ein
zullen werden
zus Schwester
zuur sauer
zwembad *(n)*
   Schwimmbad
Zwitserland Schweiz

Weitere Titel für die Region aus dem
Reise Know-How Verlag

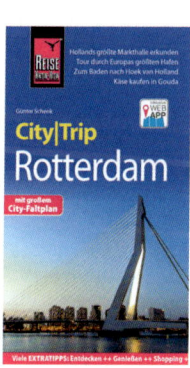

CityTrip
Amsterdam
978-3-8317-3193-0
€ 12,95 [D]

CityTrip
Den Haag mit Scheven.
978-3-8317-3124-4
€ 11,95 [D]

CityTrip
Rotterdam
978-3-8317-3257-9
€ 12,95 [D]

- Mit bekannten und weniger bekannten Attraktionen und Vierteln
- Erlebnisvorschläge für einen Kurztrip
- Tipps für die Abend- und Nachtgestaltung
- Hintergrundartikel mit Tiefgang: Geschichte, Mentalität, Leben u.v.m.
- Kleine Sprachhilfe Niederländisch mit den wichtigsten Vokabeln für den Reisealltag
- Faltplan zum Herausnehmen

Das komplette Programm zum Reisen und Entdecken
Reise Know-How Verlag

- **Reiseführer** – praktische Reisetipps von kompetenten Landeskennern
- **CityTrip** – kompakte Informationen für Städtekurztrips
- **CityTrip**PLUS – umfangreiche Informationen für ausgedehnte Städtetouren
- **InselTrip** – kompakte Informationen für den Kurztrip auf beliebte Urlaubsinseln
- **Wohnmobil-Tourguides** – praktische Reisetipps für Wohnmobil-Reisende
- **Wanderführer** – exakte Tourenbeschreibungen mit Karten und Anforderungsprofilen
- **KulturSchock** – Orientierungshilfe im Reisealltag
- **Die Fremdenversteher** – kulturelle Unterschiede humorvoll auf den Punkt gebracht
- **Kauderwelsch-Sprachführer** – schnell und einfach die Landessprache lernen
- **Kauderwelsch plus** – Sprachführer mit umfangreichem Wörterbuch
- **world mapping project™** – aktuelle Landkarten, wasserfest und unzerreißbar
- **Reisetagebuch** – das Journal für Fernweh
- **Edition Reise Know-How** – Geschichten, Reportagen und Abenteuerberichte

Reisen? We know how!